만만하게 시작하는
왕초보 일본어회화
| 기초편 |

만만하게 시작하는
왕초보 일본어회화 기초편

2015년 9월 30일 1쇄 발행
2017년 1월 25일 3쇄 발행

지은이 박해리
발행인 손건
편집기획 김상배
마케팅 이언영
디자인 김선옥
제작 최승용
인쇄 선경프린테크

발행처 *LanCom* 랭컴
주소 서울시 영등포구 영신로 38길 17
등록번호 제 312-2006-00060호
전화 02) 2636-0895
팩스 02) 2636-0896
홈페이지 www.lancom.co.kr

ⓒ 박해리 2015
ISBN 978-89-98469-84-9 13730

기초 단어부터 실생활에 필요한 기본 회화 단숨에 따라잡기

만만하게
시작하는

박해리 지음

왕초보
일본어
회화

기초편

LanCom
Language & Communication

Preface

대부분의 사람들이 일본어를 제대로 배우기도 전에 일본어는 어렵다는 편견으로 쉽게 포기하는 경우가 많습니다. 하지만 어느 나라 말이든 말을 배운다는 것은 생각만큼 그렇게 어려운 일이 아닙니다. 우리가 어릴 때 우리말을 배우면서 특별히 어렵다고 느끼지 않았던 것처럼 일본어도 마찬가지입니다. 다만 우리에게 익숙하지 않기에 어렵다고 느껴지는 것뿐입니다. 그 말에 관심을 갖고 자주 들어보고 직접 말해 보기 시작한다면 충분히 익힐 수가 있는 것입니다.

이 책은 일본어에 관심은 있지만 일본어가 어렵다고 느껴지거나, 회화에 자신이 없어 외국인과의 대화를 망설이시는 분, 일본어회화를 처음 시작하는 분들을 위한 발음과 회화를 접목시킨 기초일본어회화 교재입니다.

이 책으로 꾸준히 발음과 회화를 연습하여 독자 여러분의 일본어회화 실력을 한 단계 업그레이드 시키는 데 조금이나마 도움이 되기를 희망합니다.

이 책의 특징

발음부터 확실하게!

우리가 일상생활에서 쉽게 접할 수 있는 단어와 예문을 중심으로 발음부터 다시 학습할 수 있도록 구성하였습니다. 일본어 발음은 한번 굳어지면 고치기가 쉽지 않으므로 원어민 음성을 직접 들으면서 처음부터 올바른 발음을 익히도록 해야 합니다.

필수 회화 표현

각 Unit의 중심이 되는 기본 표현을 실제 대화문으로 정리하여 일상생활에 유용하게 하였으며 필수 표현들을 수록하여 일본어에 대한 기초가 부족한 분들도 쉽게 회화에 접근할 수 있도록 하였습니다. 또한 말하는 상황이나 전후 관계에 따라 필요한 구어적인 어법이나 관습적인 표현에 관한 해설을 두어 대화에 도움이 될 수 있도록 하였습니다.

원어민이 녹음한 MP3 파일

본문 전체를 원어민이 녹음한 mp3파일을 무료로 제공(www. lancom.co.kr)하므로 정확한 발음을 익힐 수 있습니다.

Contents

Part 03 기본표현

ひらがな

일본어 문자는 특이하게

✓ 한자(漢字)
    ✓ 히라가나(ひらがな)
✓ 가타카나(カタカナ)

를 병용해서 사용합니다. ひらがな는 한자의 일부분을 따거나 획을 간단히 하여 만들어진 문자로 지금은 문장을 표기할 때 일반적으로 가장 많이 쓰이는 문자입니다. カタカナ는 한자의 일부분을 따거나 획을 간단히 한 문자로 지금은 외래어, 전보문, 의성어 등, 어려운 한자로 표기해야 할 동식물의 명칭이나 문장에서 특별히 강조할 때도 사용합니다.

1 청음 清音 せいおん

일본어에서 청음(清音)이란 맑은 소리를 말하며 모음, 반모음, 자음이 있다.

(1) 모음 母音/ぼいん

あア	いイ	うウ	えエ	おオ

(2) 반모음 半母音/はんぼいん

や ヤ		ゆ ユ		よ ヨ
わ ワ				を ヲ

(3) 자음 子音/しいん

か カ	き キ	く ク	け ケ	こ コ
さ サ	し シ	す ス	せ セ	そ ソ
た タ	ち チ	つ ツ	て テ	と ト
な ナ	に ニ	ぬ ヌ	ね ネ	の ノ
は ハ	ひ ヒ	ふ フ	へ ヘ	ほ ホ
ま マ	み ミ	む ム	め メ	も モ
ら ラ	り リ	る ル	れ レ	ろ ロ

あ行은 우리말의 「아·이·우·에·오」와 발음이 같다. 단, うと 「우」와 「으」의 중간음으로 입술을 내밀지도 당기지도 않는 자연스런 상태에서 발음한다.

あ	い	う	え	お
ア	イ	ウ	エ	オ
아[a]	이[i]	우[u]	에[e]	오[o]

ひらがな

か行은 단어의 첫머리에 올 때는 입천장에서 나오는 강한 「가·기·구·게·고」와 비슷하며, 단어의 중간이나 끝에 올 때는 「까·끼·꾸·께·꼬」로 발음한다.

か	き	く	け	こ
カ	キ	ク	ケ	コ
카[ka]	키[ki]	쿠[ku]	게[ke]	코[ko]

さ行은 우리말의 「사·시·스·세·소」와 발음이 같다. 단, す는 「수」와 「스」의 중간음으로 입술을 내밀지도 당기지도 않는 자연스런 상태에서 발음한다.

さ	し	す	せ	そ
サ	シ	ス	セ	ソ
사[sa]	시[shi]	스[su]	세[se]	소[so]

た行의 た·て·と는 단어의 첫머리에 올 때는 「다·데·도」로 발음하고, 중간이나 끝에 올 때는 「따·떼·또」로 발음한다. ち·つ는 「찌·쯔」와 「치·츠」의 중간음으로 「찌·쓰」에 가깝게 발음한다.

た	ち	つ	て	と
タ	チ	ツ	テ	ト
타[ta]	치[chi]	츠[tsu]	테[te]	토[to]

14

な行은 우리말의 「나·니·누·네·노」와 발음이 같다.

な	に	ぬ	ね	の
ナ	ニ	ヌ	ネ	ノ
나[na]	니[ni]	누[nu]]	네[ne]	노[no]

は行은 우리말의 「하·히·후·헤·호」와 발음이 같다. 단 ふ는 「후」와 「흐」의 중간음으로 입술을 내밀지도 당기지도 않는 자연 스런 상태에서 발음한다.

は	ひ	ふ	へ	ほ
ハ	ヒ	フ	ヘ	ホ
하[ha]	히[hi]	후[fu]	헤[he]	호[ho]

ま行은 우리말의 「마·미·무·메·모」와 발음이 같다.

ま	み	む	め	も
マ	ミ	ム	メ	モ
마[ma]	미[mi]	무[mu]	메[me]	모[mo]

や行은 우리말의 「야·유·요」와 발음이 같고 반모음으로 쓰인다.

や		ゆ		よ
ヤ		ユ		ヨ
야[ya]		유[yu]		요[yo]

ら行은 우리말의 「라·리·루·레·로」와 발음이 같다.

ら	り	る	れ	ろ
ラ	リ	ル	レ	ロ
라[ra]	리[ri]	루[ru]	레[re]	로[ro]

わ行의 わ·を는 우리말의 「와·오」와 발음이 같다. 단, を는 あ 행의 お와 발음이 같지만 단어에는 쓰이지 않고 조사 「~을(를)」 의 뜻으로만 쓰인다. ん은 はねる音을 참조할 것.

わ		ん		を
ワ		ン		ヲ
와[wa]		응[n,m,ng]		오[o]

2 탁음 濁音 だくおん

탁음이란 か·さ·た·は(カ·サ·タ·ハ)행의 글자 오른쪽 윗부 분에 탁점(゛)을 붙인 음을 말한다. だ행의 ぢ·づ는 ざ행의 じ·

ず와 발음이 동일하여 현대어에서는 특별한 경우, 즉 연탁이 되는 경우 이외는 별로 쓰이지 않는다.

が ガ	ぎ ギ	ぐ グ	げ ゲ	ご ゴ
가[ga]	기[gi]	구[gu]	게[ge]	고[go]
ざ ザ	じ ジ	ず ズ	ぜ ゼ	ぞ ゾ
자[za]	지[ji]	즈[zu]	제[ze]	조[zo]
だ ダ	ぢ ヂ	づ ヅ	で デ	ど ド
다[da]	지[ji]	즈[zu]	데[de]	도[do]
ば バ	び ビ	ぶ ブ	べ ベ	ぼ ボ
바[ba]	비[bi]	부[bu]	베[be]	보[bo]

3 반탁음 半濁音 はんだくおん

반탁음은 は행의 오른쪽 윗부분에 반탁점(ﾟ)을 붙인 것을 말한다. 반탁음은 우리말의「ㅍ」과「ㅃ」의 중간음으로 단어의 첫머리에 올 경우에는「ㅍ」에 가깝게 발음하고, 단어의 중간이나 끝에 올 때는「ㅃ」에 가깝게 발음한다.

ぱ パ	ぴ ピ	ぷ プ	ぺ ペ	ぽ ポ
파[pa]	피[pi]	푸[pu]	페[pe]	포[po]

ひらがな

4 요음 拗音 ようおん

요음이란 い단 글자 중 자음「き・し・ち・に・ひ・み・り・ぎ・じ・び・ぴ」에 작은 글자「ゃ・ゅ・ょ」를 붙인 음을 말한다. 따라서「ゃ・ゅ・ょ」는 우리말의「ㅑ・ㅠ・ㅛ」같은 역할을 한다.

きゃ	しゃ	ちゃ	にゃ	ひゃ	みゃ
キャ	シャ	チャ	ニャ	ヒャ	ミャ
캬	샤	챠	냐	햐	먀

りゃ	ぎゃ	じゃ	びゃ	ぴゃ
リャ	ギャ	ジャ	ビャ	ピャ
랴	갸	쟈	뱌	퍄

きゅ	しゅ	ちゅ	にゅ	ひゅ	みゅ
キュ	シュ	チュ	ニュ	ヒュ	ミュ
큐	슈	츄	뉴	휴	뮤

りゅ	ぎゅ	じゅ	びゅ	ぴゅ
リュ	ギュ	ジュ	ビュ	ピュ
류	규	쥬	뷰	퓨

18

きょ	しょ	ちょ	にょ	ひょ	みょ
キョ	ショ	チョ	ニョ	ヒョ	ミョ
쿄	쇼	쵸	뇨	효	묘

りょ	ぎょ	じょ	びょ	ぴょ
リョ	ギョ	ジョ	ビョ	ピョ
료	교	죠	뵤	표

5 발음 撥音 はつおん

발음인 「ん」은 단어의 첫머리에 올 수 없으며, 항상 다른 글자 뒤에 쓰여 우리말의 받침과 같은 구실을 한다. 또한 ん 다음에 오는 글자의 영향에 따라 「ㄴ・ㅁ・ㅇ」으로 소리가 난다. (이것은 발음의 편의를 위한 자연스런 변화이므로 특별히 신경 쓰지 않아도 된다.)

(1) 「ㄴ(n)」으로 발음하는 경우

「さ・ざ・た・だ・な・ら」행의 글자 앞에서는 「ㄴ」으로 발음한다.

かんし	なんじ	はんたい	こんにち
칸시	난지	한따이	곤니찌

(2)「ㅁ(m)」으로 발음하는 경우

「ば・ぱ・ま」행의 글자 앞에서는「ㅁ」으로 발음한다.

あんま	けんぶつ	てんぷら	きんむ
암마	켐부쯔	템뿌라	킴무

(3)「ㅇ(ng)」으로 발음하는 경우

「あ・か・が・や・わ」행의 글자 앞에서는「ㅇ」으로 발음한다. 또한, 단어의 끝에서도「ㅇ」으로 발음한다.

れんあい	えんき	ほんや	にほん
렝아이	엥끼	홍야	니홍

6 촉음 促音 そくおん

촉음이란 막힌 소리의 하나로 우리말의 받침과 같은 역할을 하는 것을 말한다. つ를 작은 글자 っ로 표기하여 다른 글자 밑에서 받침으로만 쓰인다. 이 촉음은 하나의 음절을 갖고 있으며, 뒤에 오는 글자의 영향에 따라「ㄱ・ㅅ・ㄷ・ㅂ」으로 발음한다.

(1)「ㄱ(k)」으로 발음하는 경우

か행의 글자 앞에서는「ㄱ」으로 발음한다.

けっか	そっくり	ひっこし	にっき
겍까	속꾸리	힉꼬시	닉끼

(2) 「ㅅ(s)」으로 발음하는 경우

さ행의 글자 앞에서는 「ㅅ」으로 발음한다.

ざっし	ぐっすり	さっそく	ほっさ
잣시	굿스리	삿소꾸	홋사

(3) 「ㄷ(t)」으로 발음하는 경우

た행의 글자 앞에서는 「ㄷ」으로 발음한다.

こっち	きって	おっと	むっつ
곧찌	긴떼	옫또	묻쯔

☞ 본문에서는 「ㄷ」으로 나는 발음은 편의상 「ㅅ」으로 표기하였다.

(4) 「ㅂ(p)」으로 발음하는 경우

ぱ행의 글자 앞에서는 「ㅂ」으로 발음한다.

いっぱい	きっぷ	しっぽ	ほっぺた
입빠이	킵뿌	십뽀	홉뻬따

7 장음 長音 ちょうおん

장음이란 같은 모음이 중복될 때 앞의 발음을 길게 발음하는 것을 말한다. 우리말에서는 장음의 구별이 어렵지만 일본어에서는 이것을 확실히 구분하여 쓴다. 음의 장단에 따라 그 의미가 달라지는 경우가 있으므로 주의해야 한다. 또, カタカナ에서는 장음 부호를 「ー」로 표기한다. 이 책의 우리말 장음 표기에서도 편의상 「ー」로 처리하였다.

(1) あ단 글자 다음에 모음 あ가 이어질 때

おばあさん	おかあさん	ばあい
오바ー상	오까ー상	바ー이

(2) い단 글자 다음에 모음 い가 이어질 때

おじいさん	おにいさん	きいろい
오지ー상	오니ー상	기ー로이

(3) う단 글자 다음에 모음 う가 이어질 때

しゅうい	くうき	ふうふ
슈－이	쿠－끼	후－후

(4) え단 글자 다음에 모음 え나 い가 이어질 때

おねえさん	えいが	けいざい
오네－상	에－가	케－자이

(5) お단 글자 다음에 모음 お나 う가 이어질 때

おとうさん	こおり	とおい
오또－상	코－리	토－이

はじめ-まし-て

Part 01

발음 익히기

집안에서 쓰이는 단어로 발음 익히기

① ベッド 침대 　② ほん 책 　　③ いす 의자 　　④ とけい 시계

⑤ つくえ 책상 　⑥ スタンド 스탠드 　⑦ ペン 펜 　　⑧ えんぴつ 연필

⑨ ピアノ 피아노 　⑩ ソファー 소파 　⑪ テーブル 테이블 　⑫ テレビ 텔레비전

⑬ まど 창문 　　⑭ たんす 옷장 　　⑮ コンピューター 컴퓨터

⑯ カーテン 커튼 　⑰ ラジオ 라디오 　⑱ オーディオ 오디오 　⑲ ストーブ 스토브

1　ベッド [벳도] 침대

あれは あなたの ベッドですか。
아레와 아나따노 벳도데스까

➡ はい、そうです。
하이 소－데스

저것은 당신 침대입니까?
네, 그렇습니다.

연습　「저것은 당신 침대입니까?」는

あれは あなたの ベッドですか。

2　ほん [本 홍] 책

あなたは にほんごの ほんを もって いますか。
아나따와 니홍고노 홍오 못떼 이마스까

➡ はい、もって います。
하이못떼 이마스

당신은 일본어 책을 갖고 있습니까?
네, 갖고 있습니다.

연습　「당신은 일본어 책을 갖고 있습니까?」는

あなたは 日本語の 本を 持って いますか。

3 いす [椅子 이스] **의자**

あれは だれの いすですか。
아레와 다레노 이스데스까

➡ あにのです。
　아니노데스

저것은 누구 의자입니까?
형 것입니다.

연습 「저것은 누구 의자입니까?」는
あれは 誰の 椅子ですか。

4 とけい [時計 토께-] **시계**

あれは なんですか。
아레와 난데스까

➡ とけいです。
토께-데스

저것은 무엇입니까?
시계입니다.

연습 「저것은 시계입니다.」는
あれは 時計です。

5 つくえ [机 쓰꾸에] 책상

これは あなたの つくえですか。
고레와 아나따노 쓰꾸에데스까

➡ いいえ、わたしのじゃ ありません。
이-에 와따시노쟈 아리마셍

이것은 당신 책상입니까?
아니오, 제 것이 아닙니다.

연습 「이것은 당신 책상입니까?」는

これは あなたの 机ですか。

6 スタンド [스딴도] 스탠드

スタンドを つけて ください。
스딴도오 쓰께떼 구다사이

➡ はい、わかりました。
하이 와까리마시다

스탠드를 켜 주세요.
네, 알겠습니다.

연습 「스탠드를 꺼 주세요.」는

スタンドを けして ください。

7 ペン [펭] **펜**

ペンを かして くださいませんか。
펭오 가시떼 구다사이마셍까

➡ はい、どうぞ。
하이, 도ー조

펜을 빌려 주시겠습니까?
네, 여기 있습니다.

연습 「펜을 빌려 주시겠습니까?」는
ペンを 貸して くださいませんか。

8 えんぴつ [鉛筆 엠삐쯔] **연필**

あれは なんですか。
아레와 난데스까

➡ あれは えんぴつです。
아레와 엠삐쯔데스

저것은 무엇입니까?
저것은 연필입니다.

연습 「저것은 연필입니다.」는
あれは 鉛筆です。

9 ピアノ [피아노] **피아노**

これは あなたの ピアノですか。
고레와 아나따노 피아노데스까

➡ はい、そうです。
하이소-데스

이것은 당신 피아노입니까?
네, 그렇습니다.

연습 「이것은 당신 피아노입니까?」는
これは あなたの ピアノですか。

10 ソファー [소화-] **소파**

ソファーに すわっても いいですか。
소화-니 스왓떼모 이-데스까

➡ はい、どうぞ。
하이도-조

소파에 앉아도 될까요?
네, 앉으세요.

연습 「소파에 앉아도 될까요?」는
ソファーに 座っても いいですか。

31

12 テレビ [테레비] **텔레비전**

これは あなたの テレビですか。
고레와 아나따노 테레비데스까

➡ はい、そうです。
하이소-데스

이것은 당신 텔레비전입니까?
네, 그렇습니다.

연습 「이것은 당신 텔레비전입니까?」는

これは あなたの テレビですか。

11 テーブル [테-부루] **탁자**

これは なんですか。
고레와 난데스까소레와

➡ それは テーブルです。
테-부루데스

이것은 무엇입니까?
탁자입니다.

연습 「그것은 테이블입니다.」는

それは テーブルです。

13 まど [窓 마도] 창문

まどを あけて くださいませんか。
마도오 아께떼 구다사이마셍까

➡ はい、わかりました。
하이, 와까리마시다

창문을 열어 주시지 않겠습니까?
네, 알겠습니다.

연습 「창문을 열어 주시지 않겠습니까?」는

窓を 開けて くださいませんか。

Word Plus + +

たんす
[箪笥 탄스]
옷장

ラジオ
[레라지오]
라디오

コンピューター
[콤퓨-따-]
컴퓨터

オーディ
[오-디오]
오디오

カーテン
[카-뗑]
커튼

ストーブ
[스또-부]
난로

33

의복에 관련된 단어로 발음 익히기

① ヘアバンド 헤어밴드	② ベルト 벨트	③ ブラシ 브러시	④ ふく 옷
⑤ コート 코트	⑥ ドレス 드레스	⑦ てぶくろ 장갑	⑧ ぼうし 모자
⑨ ほうせき 보석	⑩ シャツ 셔츠	⑪ スカート 스커트	⑫ チョッキ 조끼
⑬ ブーツ 부츠	⑭ やきゅうぼうし 야구모자		⑮ ハンカチ 손수건
⑯ ネックレス 목걸이	⑰ はきもの 신발	⑱ くつした 양말	⑲ せびろ 양복
⑳ セーター 스웨터	㉑ ネクタイ 넥타이	㉒ ズボン 바지	

1 **ヘアバンド** [헤아반도] **헤어밴드**

わたしの ヘアバンドは どこに ありますか。
와따시노 헤아반도와 도꼬니 아리마스까

➡ テーブルの うえに あります。
테-부루노 우에니 아리마스

내 헤어밴드는 어디에 있습니까?
테이블 위에 있습니다.

연습 「내 헤어밴드는 어디에 있습니까?」는

私の ヘアバンドは どこに ありますか。

2 **ベルト** [베루또] **벨트**

あれは なんですか。
아레와 난데스까

➡ あれは ベルトです。
아레와 베루또데스

저것은 무엇입니까?
저것은 벨트입니다.

연습 「저것은 벨트입니다.」는

あれは ベルトです。

35

3 **ブラシ** [부라시] **브러시. 솔**

これは なんですか。
고레와 난데스까

➡ それは ブラシです。
소레와 부라시데스

이것은 무엇입니까?
그것은 솔입니다.

연습 「그것은 솔입니다.」는

それは ブラシです。

4 **ふく** [服 후꾸] **옷**

あなたは ふくを たくさん もって いますか。
아나따와 후꾸오 닥상 못떼 이마스까

➡ はい、そうです。
하이소-데스

당신은 옷을 많이 가지고 있습니까?
네, 그렇습니다.

연습 「당신은 옷을 많이 가지고 있습니까?」는

あなたは 服を たくさん 持って いますか。

5 コート [코-또] **코트**

あなたは しろい コートが ありますか。
아나따와 시로이 코-또가 아리마스까

➡ はい、あります。
하이아리마스

당신은 흰 코트가 있습니까?
네, 있습니다.

연습 「당신은 흰 코트가 있습니까?」는
あなたは 白い コートが ありますか。

6 ドレス [도레스] **드레스**

あなたは あかい ドレスが ありますか。
아나따와 아까이 도레스가 아리마스까

➡ いいえ、ありません。
이-에아리마셍

당신은 빨간 드레스가 있습니까?
아니오, 없습니다.

연습 「당신은 빨간 드레스가 있습니까?」는
あなたは 赤い ドレスが ありますか。

7 てぶくろ [手袋 테부꾸로] **장갑**

これは なんですか。
고레와 난데스까

➡ それは てぶくろです。
소레와 테부꾸로데스

이것은 무엇입니까?
그것은 장갑입니다.

연습 「그것은 장갑입니다.」는
それは 手袋です。

8 ぼうし [帽子 보−시] **모자**

あなたは ぼうしが ありますか。
아나따와 보−시가 아리마스까

➡ いいえ、ありません。
이−에 아리마셍

당신은 모자가 있습니까?
아니오, 없습니다.

연습 「당신은 모자가 있습니까?」는
あなたは 帽子が ありますか。

9 ほうせき [宝石 호-세끼] 보석

あの あかい ほうせきは なんですか。
아노 아까이 호-세끼와 난데스까

➡ あれは ルビーです。
아레와 루비-데스

저 빨간 보석은 무엇입니까?
저것은 루비입니다.

연습 「저 빨간 보석은 무엇입니까?」는
あの 赤い 宝石は 何ですか。

10 シャツ [샤쯔] 셔츠

あなたは しろい シャツを なんまい もって いますか。
아나따와 시로이 샤쯔오 남마이 못떼 이마스까

➡ ごまい もって います。
고마이 못떼 이마스

당신은 흰 셔츠를 몇 장 갖고 있습니까?
다섯 장 갖고 있습니다.

연습 「당신은 흰 셔츠를 몇 장 갖고 있습니까?」는
あなたは 白い シャツを 何枚 持って いますか。

11 スカート [스까-또] 스커트

あなたは あかい スカートが ありますか。
아나따와 아까이 스까-또가아리마스까

⟹ いいえ、ありません。
이-에아리마셍

당신은 빨간 스커트가 있습니까?
아니오, 없습니다.

연습 「당신은 빨간 스커트가 있습니까?」는

あなたは 赤い スカートが ありますか。

12 チョッキ [쵹끼] 조끼

あれは なんですか。
아레와 난데스까

⟹ あれは チョッキです。
아레와 쵹끼데스

저것은 무엇입니까?
저것은 조끼입니다.

연습 「저것은 조끼입니다.」는

あれは チョッキです。

ブーツ
[부-쯔]
부츠

くつした
[구쯔시따]
양말

やきゅうぼうし
[야뀨-보-시]
야구모자

せびろ
[세비로]
양복

ハンカチ
[항까치]
손수건

sweater
[세-따-]
스웨터

ネックレス
[넥꾸레스]
목걸이

ネクタイ
[네꾸따이]
넥타이

はきもの
[하끼모노]
신발

ズボン
[즈봉]
바지

식탁에서 쓰이는 단어로 발음 익히기

① ぎゅうにく 쇠고기　② ケーキ 케이크　③ チーズ 치즈
④ チキン 치킨　⑤ さら 접시　⑥ くだもの 과일
⑦ グラス 유리잔　⑧ アイスクリーム 아이스크림　⑨ ぎゅうにゅう 우유
⑩ パイ 파이　⑪ ごはん 밥　⑫ さじ 숟가락
⑬ ビール 맥주　⑭ コーヒー 커피　⑮ コップ 컵
⑯ フォーク 포크　⑰ ジュース 주스　⑱ ナイフ 나이프
⑲ こうちゃ 홍차　⑳ やさい 야채　㉑ みず 물
㉒ ワイン 와인

1 ぎゅうにく [牛肉 규-니꾸] **쇠고기**

あなたは ぎゅうにくが すきですか。
아나따와 규-니꾸가 스끼데스까

➡ はい、だいすきです。
하이다이스끼데스

당신은 쇠고기를 좋아합니까?
네, 무척 좋아합니다.

연습 「당신은 쇠고기를 좋아합니까?」는

あなたは 牛肉が 好きですか。

2 ケーキ [케-끼] **케이크**

あれは なんですか。
아레와 난데스까

➡ あれは ケーキです。
아레와 케-끼데스

저것은 무엇입니까?
저것은 케이크입니다.

연습 「저것은 케이크입니다.」는

あれは ケーキです。

3 チーズ [치-즈] **치즈**

あなたは チーズが すきですか。
아나따와 치-즈가 스끼데스까

➡ いいえ、すきじゃ ありません。
이-에 스끼쟈 아리마셍

당신은 치즈를 좋아합니까?
아니오, 좋아하지 않습니다.

연습 「당신은 치즈를 좋아합니까?」는
あなたは チーズが 好きですか。

4 チキン [치낀] **치킨**

これは なんですか。
고레와 난데스까

➡ これは チキンです。
고레와 치낀데스

이것은 무엇입니까?
이것은 치킨입니다.

연습 「이것은 치킨입니다.」는
これは チキンです。

5 さら [皿 사라] 접시

あなたは あかい さらが ありますか。
아나따와 아까이 사라가 아리마스까

➡ いいえ、ありません。
이-에 아리마셍

당신은 붉은 접시가 있습니까?
아니오, 없습니다.

연습 「당신은 붉은 접시가 있습니까?」는

あなたは 赤い 皿が ありますか。

6 くだもの [果物 쿠다모노] 과일

あなたは くだものが すきですか。
아나따와 쿠다모노가 스끼데스까

➡ はい、すきです。
하이, 스끼데스

당신은 과일을 좋아합니까?
네, 좋아합니다.

연습 「당신은 과일을 좋아합니까?」는

あなたは 果物が 好きですか。

7 グラス [구라스] **유리잔**

わたしの グラスは どこに ありますか。
와따시노 구라스와 도꼬니 아리마스까

➡ テーブルの うえに あります。
테-부루노 우에니 아리마스

내 잔은 어디에 있습니까?
테이블 위에 있습니다.

연습 「내 잔은 어디에 있습니까?」는
私の グラスは どこに ありますか。

8 アイスクリーム [아이스쿠리-무] **아이스크림**

あなたは アイスクリームが すきですか。
아나따와 아이스쿠리-무가 스끼데스까

➡ はい、すきです。
하이 스끼데스

당신은 아이스크림을 좋아합니까?
네, 좋아합니다.

연습 「당신은 아이스크림을 좋아합니까?」는
あなたは アイスクリームが すきですか。

46

9 ぎゅうにゅう [牛乳 규-뉴-] 우유

あなたは まいあさ ぎゅうにゅうを のみますか。
아나따와 마이아사 규-뉴-오 노미마스까

➡ いいえ、のみません。
이-에 노미마셍

당신은 매일 아침 우유를 마십니까?
아니오, 마시지 않습니다.

연습 「당신은 매일 아침 우유를 마십니까?」는
あなたは 毎朝 牛乳を 飲みますか。

10 パイ [파이] 파이

あなたは パイが すきですか。
아나따와 파이가 스끼데스까

➡ はい、すきです。
하이 스끼데스

당신은 파이를 좋아합니까?
네, 좋아합니다.

연습 「당신은 파이를 좋아합니까?」는
あなたは パイが 好きですか。

11 ごはん [ご飯 고항] 밥

あさは ごはんですか、パンですか。
아사와 고한데스까 판데스까

➡ ごはんです。
고한데스

아침에는 밥을 먹습니까, 빵을 먹습니까?
밥을 먹습니다.

연습 「아침에는 밥을 먹습니까, 빵을 먹습니까?」는
朝は ご飯ですか、パンですか。

12 さじ [匙 사지] 숟가락

わたしの さじは どこに ありますか。
와따시노 사지와 도꼬니 아리마스까

➡ テーブルの うしろに あります。
테-부루노 우시로니 아리마스

내 숟가락은 어디 있습니까?
탁자 뒤에 있습니다.

연습 「내 숟가락은 어디 있습니까?」는
私の さじは どこに ありますか。

ビール
[비-루]

맥주

ナイフ
[나이후]

칼

コーヒー
[코-히-]

커피

こうちゃ
[紅茶 코-쨔]

홍차

コップ
[콥뿌]

컵

やさい
[野菜 야사이]

야채

フォーク
[훠-꾸]

포크

みず
[[水 미즈]

물

ジュース
[쥬-스]

주스

ワイン
[와잉]

포도주

04 스포츠와 취미에 관련된 단어로 발음

① やきゅう 야구	② バスケットボール 농구	③ りょうり 요리
④ つり 낚시	⑤ すもう 스모	⑥ ゴルフ 골프
⑦ マラソン 마라톤	⑧ どくしょ 독서	⑨ サッカー 축구
⑩ サーフィン 서핑	⑪ テニス 테니스	⑫ ボール 공
⑬ サイクリング 사이클링	⑭ スキューバダイビング 스쿠버다이빙	
⑮ すいえい 수영	⑯ バレーボール 배구	⑰ レスリング 레슬링

1 やきゅう [野球 야큐-] 야구

あなたは やきゅうが すきですか。
아나따와 야뀨-가 스끼데스까

➡ はい、すきです。
하이 스끼데스

당신은 야구를 좋아합니까?
네, 좋아합니다.

연습 「당신은 야구를 좋아합니까? 」는

あなたは 野球が 好きですか。

2 バスケットボール [바스껫또보-루] 농구

あなたは バスケットボールを やりますか。
아나따와 바스껫또보-루오 야리마스까

➡ いいえ、やりません。
이-에 야리마셍

당신은 농구를 합니까?
아니오, 안 합니다.

연습 「당신은 농구를 합니까?」는

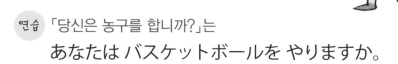
あなたは バスケットボールを やりますか。

3 りょうり [料理 료–리] 요리

あなたは りょうりが すきですか。
아나따와 료–리가 스끼데스까

➡ いいえ、すきじゃ ありません。
이–에스끼쟈 아리마셍

당신은 요리를 좋아합니까?
아니오, 좋아하지 않습니다.

연습 「당신은 요리를 좋아합니까?」는
あなたは 料理が 好きですか。

4 つり [釣り 쓰리] 낚시

あなたは つりが すきですか。
아나따와 쓰리가 스끼데스까

➡ はい、すきです。
하이 스끼데스

당신은 낚시를 좋아합니까?
네, 좋아합니다.

연습 「당신은 낚시를 좋아합니까?」는
あなたは 釣りが 好きですか。

5 すもう [相撲 스모-] **스모**

あなたは すもうを みた ことが ありますか。
아나따와 스모-오 미따 고또가 아리마스까

➡ はい、テレビで みた ことが あります。
하이테레비데 미따 고또가 아리마스

당신은 스모를 본 적이 있습니까?
네, 텔레비전에서 본 적이 있습니다.

연습 「당신은 스모를 본 적이 있습니까?」는
あなたは 相撲を 見た ことが ありますか。

6 ゴルフ [고루후] **골프**

あなたは ゴルフを やりますか。
아나따와 고루후오 야리마스까

➡ はい、やります。
하이 야리마스

당신은 골프를 합니까?
네, 합니다.

연습 「당신은 골프를 합니까?」는
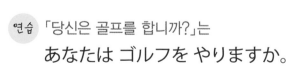
あなたは ゴルフを やりますか。

7 マラソン [마라송] 마라톤

あなたは マラソンが すきですか。
아나따와 마라송가 스끼데스까

➡ いいえ、すきじゃ ありません。
이-에 스끼쟈 아리마셍

당신은 마라톤을 좋아합니까?
아니오, 좋아하지 않습니다.

연습 「당신은 마라톤을 좋아합니까?」는
あなたは マラソンが 好きですか。

8 どくしょ [読書 도꾸쇼] 독서

あなたは どくしょが すきですか。
아나따와 도꾸쇼가 스끼데스까

➡ はい、すきです。
하이 스끼데스

당신은 독서를 좋아합니까?
네, 좋아합니다.

연습 「당신은 독서를 좋아합니까?」는
あなたは 読書が 好きですか。

9 サッカー [삭까-] 축구

あなたは サッカーを やりますか。
아나따와 삭까-오 야리마스까

➡ いいえ、やりません。
이-에 야리마셍

당신은 축구를 합니까?
아니오, 안 합니다.

연습 「당신은 축구를 합니까?」는
あなたは サッカーを やりますか。

10 サーフィン [사-휭] 서핑

あした サーフィンに いきましょう。
아시따 사-휜니 이끼마쇼-

➡ そう しましょう。
소- 시마쇼-

내일 서핑하러 갑시다.
그렇게 합시다.

연습 「내일 서핑하러 갑시다.」는
明日 サーフィンに 行きましょう。

11 テニス [테니스] 테니스

あなたは テニスを やりますか。
아나따와 테니스오 야리마스까

➡ いいえ、やりません。
이-에 야리마셍

당신은 테니스를 합니까?
아니오, 하지 않습니다.

연습 「당신은 테니스를 합니까?」는

あなたは テニスを やりますか。

12 ボール [보-루] 볼, 공

わたしの ボールは どこに ありますか。
와따시노 보-루와 도꼬니 아리마스까

➡ つくえの うえに あります。
쯔꾸에노 우에니 아리마스

내 공은 어디에 있습니까?
책상 위에 있습니다.

연습 「내 공은 어디에 있습니까?」는

私の ボールは どこに ありますか。

サイクリング
[사이꾸링구]

사이클링

スキューバダイビング
[스뀨−바다이빙구]

스쿠버 다이빙

すいえい
[水泳 스이에−]

수영

バレーボール
[바레−보−루]

배구

レスリング
[레스링구]

레슬링

가족에 관련된 단어로 발음 익히기

① とり 새   ② あに 형   ③ ねこ 고양이   ④ あかちゃん 아기

⑤ いぬ 개   ⑥ ちち 아버지   ⑦ そぼ 할머니   ⑧ おっと 남편

⑨ はは 어머니   ⑩ いもうと (여)동생   ⑪ おじ 아저씨   ⑫ つま 아내

⑬ おば 아주머니   ⑭ こども 어린이   ⑮ いとこ 사촌   ⑯ むすめ 딸

⑰ そふ 할아버지   ⑱ おい 조카   ⑲ めい 조카딸   ⑳ むすこ 아들

---

1 とり [鳥 도리] 새

あなたは とりを かって いますか。
아나따와 도리오 갓떼 이마스까

➡ いいえ、かって いません。
이-에 갓떼 이마셍

당신은 새를 기르고 있습니까?
아니오, 기르지 않습니다.

연습 「당신은 새를 기르고 있습니까?」는
あなたは 鳥を 飼って いますか。

---

2 おにいさん [お兄さん 오니-상] 형, 형님

おにいさんは いますか。
오니-상와 이마스까

➡ はい、います。
하이 이마스

형님은 있습니까?
네, 있습니다.

연습 「형님은 있습니까?」는
お兄さんは いますか。

3   ねこ [猫 네꼬] **고양이**

ねこは どこに いますか。
네꼬와 도꼬니 이마스까

➡ テーブルの したに います。
테–부로노 시따니 이마스

고양이는 어디에 있습니까?
테이블 밑에 있습니다.

연습 「고양이는 어디에 있습니까?」는
猫は どこに いますか。

4   あかちゃん [赤ちゃん 아까쨩] **아이**

へやの なかに あかちゃんが いますか。
헤야노 나까니 아까쨩가 이마스까

➡ いいえ、いません。
이–에이마셍

방 안에 아이가 있습니까?
아니오, 없습니다.

연습 「방 안에 어린이가 있습니까?」는
部屋の 中に 赤ちゃんが いますか。

5 いぬ [犬 이누] 개

あなたは いぬを かって いますか。
아나따와 이누오 갓떼 이마스까

➡ いいえ、かって いません。
이-에 갓떼 이마셍

당신은 개를 기릅니까?
아니오, 기르지 않습니다.

연습 「당신은 개를 기릅니까?」는

あなたは 犬を 飼って いますか。

6 おとうさん [お父さん 오또-상] 아버지

おとうさんは いま なにを して いますか。
오또-상와 이마 나니오 시떼 이마스까

➡ ちちは うちで やすんで います。
치찌와 우찌데 야슨데 이마스

(당신) 아버지는 지금 무엇을 하고 있습니까?
(우리) 아버지는 집에서 쉬고 있습니다.

연습 「(당신) 아버지는 지금 무엇을 하고 있습니까?」는

お父さんは 今 何を して いますか。

7 おばあさん [お祖母さん 오바-상] 할머니

おばあさんは どこに いますか。
오바-상와 도꼬니 이마스까

➡ そぼは うちに います。
소보와 우찌니 이마스

(당신) 할머니는 어디에 있습니까?
(우리) 할머니는 집에 있습니다.

연습 「(당신) 할머니는 어디에 있습니까?」는

お祖母さんは どこに いますか。

8 ごしゅじん [ご主人 고슈징] 남편

ごしゅじんは どこに つとめて いますか。
고슈징와 도꼬니 쓰또메떼 이마스까

➡ しゅじんは しゅっぱんしゃに つとめて います。
슈징와 슙빤샤니 쓰또메떼 이마스

(당신) 남편은 어디에 근무합니까?
(우리) 남편은 출판사에 근무합니다.

연습 「(당신) 남편은 어디에 근무합니까?」는

ご主人は どこに 勤めて いますか。

9 おかあさん [お母さん 오까-상] 어머니

おかあさんは どこに いますか。
오까-상와 도꼬니 이마스까

➡ はははうちにいます。
하하와 우찌니 이마스

(당신) 어머니는 어디에 있습니까?
(우리) 어머니는 집에 있습니다.

연습 「(당신) 어머니는 어디에 있습니까?」는
お母さんは どこに いますか。

10 いもうとさん [妹さん 이모-또상] (여)동생

いもうとさんは かいしゃいんですか。
이모-또상와 카이샤인데스까

➡ はい、そうです。
하이 소-데스

(당신) 여동생은 회사원입니까?
네, 그렇습니다.

연습 「(당신) 여동생은 회사원입니까?」는
妹さんは 会社員ですか。

11 おじさん [叔父さん 오지상] **아저씨**

あの かたが おじさんですか。
아노 카따가 오지산데스까

➡ いいえ、おじは あそこに いません。
이-에 오지와 아소꼬니 이마셍

저 분이 (당신) 아저씨입니까?
아니오, (우리) 아저씨는 저기에 없습니다.

연습 「저 분이 (당신) 아저씨입니까?」는

あの 方が 叔父さんですか。

12 おくさん [奥さん 옥상] **부인**

おくさんは どこに いますか。
옥상와 도꼬니 이마스

➡ かないは だいどころに います。
까카나이와 다이도꼬로니 이마스

부인은 어디에 있습니까?
아내는 부엌에 있습니다.

연습 「부인은 어디에 있습니까?」는

奥さんは どこに いますか。

おば
[叔母 오바]
아주머니

そふ
[祖父 소후]
할아버지

こども
[子供 고도모]
어린이

おい
[甥 오이]
조카

いとこ
[從兄 이또꼬]
사촌

めい
[姪 메이]
조카딸

むすめ
[娘 무스메]
딸

むすこ
[息子 무스꼬]
아들

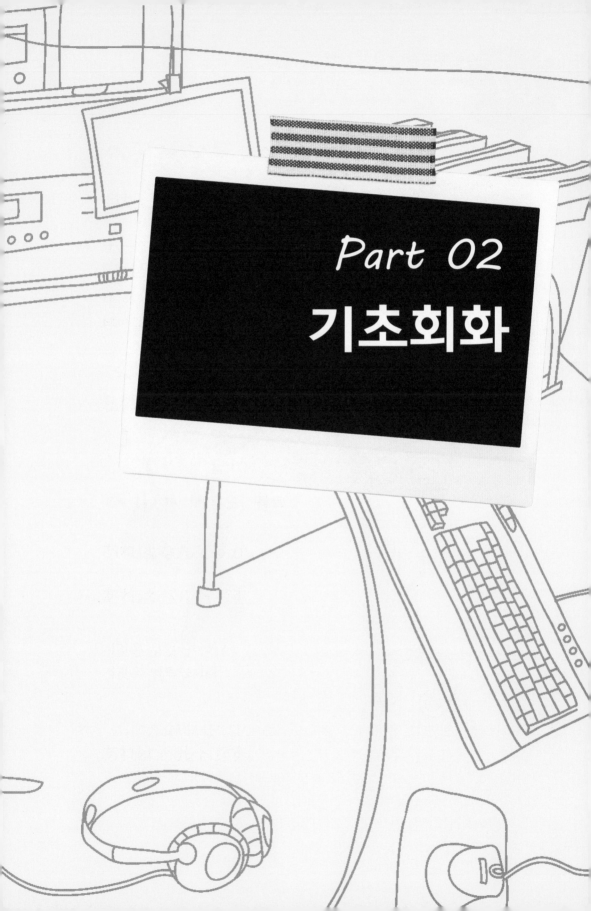

Part 02
기초회화

01 일상의 인사표현

やあ、木村(きむら)!
何(なに)か変(か)わったことない?
야― 기무라 나니까 가왓따 고또 나이

元気(げんき)でやってるよ。
겡끼데 얏떼루요

別(べっ)に…。きみはどう?
베쯔니   기미와 도―

야, 기무라! 무슨 별다른 일 없니? / 별로…. 너는 어때? / 잘 지내고 있어.

아침에 일어나서 점심때까지는 「おはよう ございます」라고 하며, 친구나 아랫사람이라면 「おはよう」라고 해도 된다. 또, 낮부터 저녁때까지는 「こんにちは」라고 하며, 해가 지고 어두워지면 「こんばんは」, 그리고 잠을 자기 전에, 또는 늦은 밤에 헤어지면서 하는 인사로는 「おやすみなさい(안녕히 주무세요)」라고 한다.

◆   안녕하세요? (아침인사)

おはようございます。
오하요— 고자이마스

◆   안녕하세요? (낮인사)

こんにちは。
곤니찌와

◆   안녕하세요? (밤인사)

こんばんは。
곰방와

◆   안녕히 주무세요.

おやすみなさい。
오야스미나사이

◆   잘 지내십니까?

お元気ですか。
오겡끼데스까

◆   어디에 가십니까?

どちらにお出かけですか。
도찌라니 오데까께데스까

◆   날씨가 좋군요.

いい天気ですね。
이— 텡끼데스네

キムさん、こちらは
田中（た なか）さんです。
김상 고찌라와 다나까산데스

はじめまして。田中（た なか）です。
どうぞよろしく。
하지메마시떼　다나까데스
도―조 요로시꾸

お会（あ）いできてうれしいです。
ホンギルドンです。
오아이데끼떼 우레시―데스
홍기루동데스

김씨, 이쪽은 다나카 씨입니다. / 처음 뵙겠습니다. 다나카입니다. 잘 부탁드립니다. /
만나서 반갑습니다. 홍길동입니다.

처음 만났을 때 인사로 쓰이는 「はじめまして」는 「はじめて お目（め）にかか
ります(처음 뵙겠습니다)」를 간단하게 줄여서 표현한 것이다. 즉, 「はじめま
して」는 「はじめて(처음)」의 정중한 표현으로 부사어이지만 인사말로 굳어진
관용 표현이다.

♦ 이쪽은 다나카 씨입니다.

こちらは田中さんです。
고찌라와 다나까산데스

♦ 처음 뵙겠습니다.

はじめまして。
하지메마시떼

♦ 기무라입니다. 잘 부탁드립니다.

木村です。どうぞよろしく。
기무라데스　　　도―조 요로시꾸

♦ 처음 뵙겠습니다. 홍길동라고 합니다.

はじめまして。ホンギルドンと申します。
하지메마시떼　　　　　홍기루동또 모―시마스

♦ 저야말로 잘 부탁드립니다.

こちらこそ、どうぞよろしく。
고찌라꼬소　　　　　도―조 요로시꾸

♦ 만나서 반갑습니다.

お会いできてうれしいです。
오아이데끼떼 우레시―데스

♦ 전에 어디서 만난 적이 있는 것 같군요.

以前、どこかで会ったことがあるみたいですね。
이젠　　　도꼬까데 앗따 고또가 아루미따이데스네

03 소개할 때

私の友達を紹介したいのですが。
와따시노 도모다찌오 쇼―까이시따이노데스가

こちらはソウルから来たキム君です。
고찌라와 소우루까라 기따 기무꾼데스

どうぞ、紹介してください。
도―조   쇼―까이시떼 구다사이

제 친구를 소개하고 싶은데요. / 자, 소개해 주세요. / 이쪽은 서울에서 온 김군입니다.

악수「握手(あくしゅ)」는 상대와의 친밀감을 나타내는 표현의 하나이다. 여성은 자신이 악수를 해도 괜찮다고 판단이 되었을 때 손을 내밀어 상대에게 악수를 청하고, 남자끼리라면 손에 약간 힘을 주어 악수를 한다. 또, 악수를 할 때는 허리를 곧게 펴고 상대의 눈을 바로 쳐다보고 악수를 하도록 하자.

◆ 김씨를 소개해드리겠습니다.

キムさんをご紹介します。

기무상오 고쇼—까이시마스

◆ 이쪽은 친구인 기무라입니다.

こちらは友だちの木村です。

고찌라와 도모다찌노 기무라데스

◆ 요시무라 씨를 뵙고 싶습니다만.

吉村さんに会っていただきたいのですが。

요시무라산니 앗떼 이따다끼따이노데스가

◆ 김씨는 출판사에 근무하고 있습니다.

キムさんは出版社に勤めています。

기무상와 슛빤샤니 쓰또메떼 이마스

◆ 제 상사인 다나카 씨를 소개해 드리겠습니다.

うちの上司の田中をご紹介いたします。

우찌노 죠—시노 다나까오 고쇼—까이이따시마스

◆ 이분은 서울에서 온 김입니다.

こちらはソウルから来たキムです。

고찌라와 소우루까라 기따 기무데스

◆ 알게 되어서 반갑습니다.

お知り合いになれてうれしいです。

오시리아이니 나레떼 우레시—데스

どこから来（き）ましたか。
도꼬까라 기마시다까

韓国（かんこく）のどこから来（き）たのですか。
캉꼬꾸노 도꼬까라 기따노데스까

韓国（かんこく）です。
캉꼬꾸데스

어디에서 왔습니까? / 한국입니다. / 한국 어디에서 왔습니까?

「どうぞ よろしく(부디 잘)」는 「お願(ねが)いします(부탁합니다)」를 줄여서 표현한 것으로 상대에게 특별히 뭔가를 부탁할 때도 쓰이지만, 단순히 인사치레의 말로 쓰일 때가 많다.

♦ 미안합니다. 잠깐 말씀드려도 되겠습니까?

すみません。ちょっとお話をしてもいいですか。

스미마셍 촛또 오하나시오 시떼모 이―데스까

♦ 제 소개를 해도 괜찮겠습니까?

自己紹介してもよろしいですか。

지꼬쇼―까이시떼모 요로시―데스까

♦ 제 소개를 하겠습니다.

自己紹介させていただきます。

지꼬쇼―까이사세떼 이따다끼마스

♦ 저는 한국에서 온 홍길동입니다.

わたしは韓国から来たホンギルドンです。

와따시와 캉꼬꾸까라 기따 홍기루동데스

♦ 저는 회사원입니다.

わたしは会社員です。

와따시와 카이샤인데스

♦ 저는 무역회사에서 영업을 하고 있습니다.

わたしは貿易会社で営業をしております。

와따시와 보―에기가이샤데 에―교―오 시떼 오리마스

♦ 저는 일본에 처음 왔습니다.

わたしは日本に来たのははじめてです。

와따시와 니혼니 기따노와 하지메떼데스

이건 제 명함입니다. / 감사합니다. / 당신의 명함을 주실 수 있겠습니까?

상대에게 자신 쪽의 사람을 소개할 때는 원칙적으로 남자를 여자에게 먼저 소개하고, 동성(同性)간일 경우에는 아랫사람을 윗사람에게 먼저 소개를 한다.

또한, 소개받는 사람에 대해서 그 사람에 대해서 간단하게 설명을 덧붙이는 것도 친절한 배려의 하나이다. 예를 들면 「金さんは 広告会社に 勤めています(김씨는 광고회사에 근무하고 있습니다)」라는 식으로……

◆ 이 사람이 아내입니다.

これが家内です。
고레가 가나이데스

◆ 형입니다. 지금 은행에서 일하고 있습니다.

兄です。いま銀行で働いています。
아니데스　　이마 깅꼬―데 하따라이떼 이마스

◆ 이쪽은 남편입니다. 지금 장사를 하고 있습니다.

こちらは主人です。いま、商売をしております。
고찌라와 슈진데스　　이마　쇼―바이오 시떼 오리마스

◆ 당신이 기무라 씨입니까?

あなたが木村さんですか。
아나따가 기무라산데스까

◆ 성함을 여쭤도 되겠습니까?

お名前を聞いてもいいですか。
오나마에오 기이떼모 이―데스까

◆ 다시 한 번 이름을 가르쳐 주시겠습니까?

もう一度、名前を教えていただけますか。
모― 이찌도　나마에오 오시에떼 이따다께마스까

◆ 성함을 여기에 적어 주세요.

お名前をここに書いてください。
오나마에오 고꼬니 가이떼 구다사이

06 오랜만에 만났을 때

やあ、長いこと会いませんでしたね。
お元気でしたか。

야— 나가이 고또 아이마센데시따네　오겡끼데시다까

そうでしたか。

소—데시다까

ずっと忙しかったんです。

즛또 이소가시깟딴데스

야, 오랫동안 만나지 못했군요. 잘 지내셨습니까? / 계속 바빴습니다. / 그랬습니까?

「しばらく」는 「잠시, 잠깐」의 뜻과 「얼마 동안, 한참 동안」을 뜻하는 부사어로, 단독으로 쓰일 때는 「오래간만」이라는 인사말로 쓰인다. 정중하게 표현할 때는 「しばらくですね」라고 하면 된다. 「ひさしぶり」도 「しばらく」와 마찬가지로 오랜만에 만났을 때 쓰이는 인사말로 「しばらく」보다는 다소 오랫동안 만나지 못했을 때 쓰인다.

78

♦ 별고 없으셨습니까?

おかわりありませんでしたか。
오까와리 아리마센데시다까

♦ 잘 지냈습니다. 당신은 어땠습니까?

元気でした。あなたはどうでしたか。
겡끼데시다　　　아나따와 도―데시다까

♦ 오랜만이군요.

しばらくですね。
시바라꾸데스네

♦ 오랫동안 뵙지 못했습니다.

長い間、ごぶさたしました。
나가이 아이다 고부사따시마시다

♦ 오랜만이군요.

おひさしぶりですね。
오히사시부리데스네

♦ 오랫동안 뵙지 못했습니다.

長いこと、お会いしませんでしたね。
나가이 고또　　오아이시마센데시따네

♦ 세상 좁네요.

世の中はせまいですね。
요노나까와 세마이데스네

07 헤어질 때의 인사

見送りに来てくれて、ありがとう。
미오꾸리니 기떼 구레떼　아리가또―

じゃ、元気でさようなら。
쟈　겡끼데 사요―나라

さようなら。ご家族の
皆さまにもよろしく。
사요―나라　고카조꾸노
미나사마니모 요로시꾸

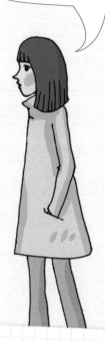

배웅 나와 줘서 고마워. / 잘 가. 가족 모두에게도 안부 전해 줘. / 그럼, 안녕.

「さようなら」는 본래 「それでは」의 문어체로 「さようならば これで わかれま
しょう(그렇다면 이만 헤어집시다)」의 줄임말이 현대어서는 헤어질 때 쓰이는 인
사말로 굳어진 형태이다. 따라서 이것은 매일 만나는 사람과는 쓰지 않으며, 줄여
서 「さよなら」라고도 한다.

♦ 안녕히 가세요(계세요).

さようなら。
사요—나라

♦ 내일 또 봐요.

また あしたね。
마따 아시따네

♦ 안녕히 가세요. 또 만납시다.

さようなら。また 会^あいましょう。
사요—나라　　　　마따 아이마쇼—

♦ 그럼, 나중에 봐요.

じゃ、あとで。
쟈　　　　아또데

♦ 안녕히 가십시오.

ごきげんよう。
고끼겡요—

♦ 조심해서 가요.

気^きをつけてね。
기오 쓰께떼네

♦ 그럼, 근간 또 뵙겠습니다.

では、近^{ちか}いうちにまたうかがいます。
데와　　치까이 우찌니 마따 우까가이마스

ご親切に、ありがとう
ございました。
고신세쯔니 아리가또— 고자이마시다

本当に感謝しています。
혼또—니 간샤시떼 이마스

お役に立てて、
うれしいです。
오야꾸니 다떼떼 우레시—데스

친절을 베풀어 주셔서 고마웠습니다. / 도움이 되어서 기쁩니다. / 정말로 감사드립니다.

「ありがとう ございます」는 정중하게 상대의 행위에 대한 고마움을 나타낼 때 쓰이는 감사 표현으로 우리말의 「고맙습니다, 감사합니다」에 해당하며, 친근한 사이나 아랫사람에게 가볍게 고마움을 나타낼 때는 「ございます」를 생략하여 「ありがとう」만으로 쓴다.

♦ 고맙습니다.

ありがとうございます。
아리가또— 고자이마스

♦ 여러모로 고마웠습니다.

いろいろありがとうございました。
이로이로 아리가또— 고자이마시다

♦ 무척 도움이 되었습니다.

ほんとうにたすかりました。
혼또—니 다스까리마시다

♦ 늘 감사하고 있습니다.

いつも感謝しています。
이쓰모 간샤시떼 이마스

♦ 진심으로 감사를 드립니다.

こころからお礼をもうします。
고꼬로까라 오레—오 모—시마스

♦ 천만에요.

どういたしまして。
도—이따시마시떼

♦ 괜찮아요.

いいんですよ。
이인데스요

09 사과할 때

あっ、ごめんなさい。
大丈夫ですか。
앗 고멘나사이　다이죠―부데스까

ええ、わたしは大丈夫です。
에―　와따시와 다이죠―부데스

ほんとうにごめんなさい。
혼또―니 고멘나사이

앗, 미안해요. 괜찮습니까? / 예, 저는 괜찮습니다. / 정말로 죄송합니다.

「すみません」은 자신의 잘못이나 실수를 가볍게 사과를 할 때 쓰이는 인사 표현
으로, 「すいません」이라고도 하며, 남자들 사이에서는 「すまん」이라고도 한다.
이에 대한 응답 표현은 보통 「いいですよ(괜찮아요)」라고 한다.

♦ 미안합니다.

すみません。
스미마셍

♦ 죄송합니다.

ごめんなさい。
고멘나사이

♦ 제가 잘못했습니다.

わたしが悪かったんです。
와따시가 와루깟딴데스

♦ 실례했습니다.

失礼いたしました。
시쯔레―이따시마시다

♦ 죄송합니다.

申し訳ありません。
모―시와께 아리마셍

♦ 부디 용서해 주십시오.

どうぞお許しください。
도―조 오유루시쿠다사이

♦ 정말 죄송했습니다.

どうもすみませんでした。
도―모 스미마셴데시다

ちょっとお願いしたいのですが…。
촛또 오네가이시따이노데스가

日本語の手紙を書くのを
手伝ってくれますか。
니홍고노 데가미오 가꾸노오
데쓰닷떼 구레마스까

いいですよ。
이―데스요

좀 부탁드리고 싶은데요…. / 좋아요. / 일본어 편지를 쓰는 걸 도와 줄래요?

「お願いします」는 상대방의 요구나 의뢰, 제안에 기꺼이 승낙을 할 때 쓰이는 표현으로 상대에게 그렇게 해주기를 바랄 때 쓰인다. 또한 「お願いします」는 상대에게 특별히 부탁할 일이 없어도 인사치레로 하는 경우가 많다.

♦ 부탁드리고 싶은 게 있습니다만….

お願いしたいことがあるんですが…。

오네가이시따이 고또가 아룬데스가

♦ 그걸 해 주시겠습니까?

それをやっていただけますか。

소레오 얏떼 이따다께마스까

♦ 미안합니다. 좀 여쭙겠습니다.

すみません。ちょっとおたずねします。

스미마셍　　　　　촛또 오따즈네시마스

♦ 제발 도와 주세요.

どうぞ助けてください。

도―조 다스께떼 구다사이

♦ 이걸 좀 부탁드립니다.

これをちょっとお願いします。

고레오 촛또 오네가이시마스

♦ 친구를 데리고 가도 됩니까?

友だちをつれて行ってもいいですか。

도모다찌오 쓰레떼 잇떼모 이―데스까

♦ 무얼 도와 드리면 될까요?

何をお手伝いしたらいいでしょうか。

나니오 오테쓰다이시따라 이―데쇼―까

赤ちゃん、お誕生おめでとう
ございます。
아까쨩 오딴죠— 오메데또— 고자이마스

赤ちゃんはあなたによく
似ていますね。
아까쨩와 아나따니 요꾸 니떼 이마스네

ありがとう。
아리가또—

아기 첫돌을 축하드립니다. / 고마워요. / 아기는 당신을 많이 닮았군요.

「おめでとう(축하해요)」는 축하 표현으로 좋은 결과에 대해 칭찬할 때도 쓰인다. 정중하게 말할 때는 「おめでとう ございます(축하드립니다)」라고 한다. 「おめでとう」는 「めでたい(경사스럽다)」에 「ございます」가 접속되었을 때 「우음편」을 한 형태이다.

♦ 축하드립니다.

おめでとう ございます。

오메데또―고자이마스

♦ 다행이군요.

よかったですね。

요깟따데스네

♦ 기쁘시겠군요.

うれしいでしょうね。

우레시―데쇼―네

♦ 결국 해냈군요.

ついに やりましたね。

쓰이니 야리마시다네

♦ 그걸 들으니 매우 기쁩니다.

それを聞いて、とてもうれしいです。

소레오 기이떼　　　도떼모 우레시―데스

♦ 생일 축하해요.

お誕生日、おめでとう。

오딴죠―비　　　오메데또―

♦ 진심으로 축하를 드립니다.

こころからお祝い申し上げます。

고꼬로까라 오이와이 모―시아게마스

12. 맞장구를 칠 때

きのう、このくらい大きな
魚を捕まえたんだ。

기노— 고노 쿠라이 오—끼나 사까나오
쓰까마에딴다

ほんとうだよ。

혼또—다요

冗談でしょ。

죠—단데쇼

어제 이 정도 큰 물고기를 잡았어. / 농담이겠지. / 정말이야.

「なるほど」는 대표적인 맞장구 표현으로 자신이 이해하고 있다는 것을 상대에게
전하면서 대화를 부드럽게 진행시킬 때 쓰인다.

「そのとおりです」는 상대의 말이 자신의 생각과 일치되거나 할 때 적극적으로
맞장구를 치는 표현으로 다른 말로 바꾸면 「おっしゃるとおりです(말씀하신 대
로입니다)」 라고도 한다.

90

◆ 과연.

なるほど。
나루호도

◆ 정말입니까?

ほんとうですか。
혼또—데스까

◆ 맞습니다.

そのとおりです。
소노토—리데스

◆ 물론이고 말고요.

もちろんですとも。
모찌론데스또모

◆ 그렇고 말고요.

そうですとも。
소—데스또모

◆ 역시.

やっぱりね。
얍빠리네

◆ 아마 그렇겠군요.

たぶんそうでしょうね。
다분 소—데쇼—네

말을 잘 알아듣지 못했을 때

みません。何と言ったのですか。
스미마셍   난또 잇따노데스까

もう一度、言いましょうか。
모— 이찌도   이이마쇼—까

ええ、もう 一度説明して
ください。
에— 모— 이찌도 세쯔메—시떼
구다사이

미안합니다. 뭐라고 했습니까? / 다시 한번 말할까요? / 예, 다시 한번 설명해 주세요.

わかる와 知(し)る는 우리말의 「알다」로 해석되는 동사이지만, わかる는 듣거나 보거나 해서 이해하는 의미로 쓰이며, 知る는 학습이나 외부로부터의 지식을 획득 하여 안다는 의미로 쓰인다. 흔히 「알겠습니다」의 표현으로 「わかりました」를 쓰지만, 상사나 고객에게는 「承知(しょうち)しました」나 「かしこまりました」를 쓰는 것이 좋다. 또한 그 반대 표현인 「모르겠습니다」도 「わかりません」이 아니 라 「わかりかねます」라고 하는 것이 좋다.

◆ 다시 한번 말해 주겠어요?

もう一度、言ってくれますか。
모— 이찌도　잇떼 구레마스까

◆ 좀더 천천히 말해 주세요.

もう少し、ゆっくりと話してください。
모— 스꼬시　육꾸리또 하나시떼 구다사이

◆ 당신이 말한 것을 알아듣지 못했습니다.

あなたの言うことが聞き取れませんでした。
아나따노 이우 고또가 기끼또레마센데시다

◆ 말씀하시는 것을 모르겠습니다.

おっしゃることがわかりません。
옷샤루 고또가 와까리마셍

◆ 그건 무슨 뜻입니까?

それはどういう意味ですか。
소레와 도—이우 이미데스까

◆ 뭐가 뭔지 전혀 모르겠습니다.

なにがなんだか全然わかりません。
나니가 난다까 젠젱 와까리마셍

◆ 여기에 한자로 적어 주시지 않겠습니까?

ここに漢字で書いてくださいませんか。
고꼬니 칸지데 가이떼 구다사이마셍까

新しいスカート、とても
似合いますよ。
아따라시— 스까—또 도떼모 니아이마스요

そう言ってくれて
うれしいわ。
소— 잇떼 구레떼 우레시—와

スカートがブラウスと
とてもよく合っています。
스까—또가 부라우스또
도떼모 요꾸 앗떼 이마스

새 스커트 무척 잘 어울려요. / 그렇게 말해 주니 기뻐요. / 스커트가 블라우스와 무척
잘 어울립니다.

일본인은 상대에 대한 칭찬에 대해서는 말을 아끼지 않습니다. 더듬거리는 일본어
로 말을 걸어도 「日本語(にほんご)はお上手(じょうず)ですね(일본어를 잘 하시
네요)」라고 칭찬을 한다. 이처럼 일본인은 사소한 것이라도 칭찬을 하는 습관이
몸에 배어 있으므로 액면 그대로 받아들이면 오해하기 쉬운 경우도 종종 있다.

◆ 매우 기쁩니다.

とてもうれしいです。
도떼모 우레시―데스

◆ 무척 즐거웠습니다.

とても楽しかったです。
도떼모 다노시깟따데스

◆ 기분이 최고다.

最高の気分だ。
사이꼬―노 기분다

◆ 행운이야.

ラッキーだ。
락끼―다

◆ 와, 예쁘군요.

わぁ、きれいですね。
와―   기레이데스네

◆ 멋지다!

すてき!
스떼끼

◆ 한국어를 잘하시네요.

韓国語がお上手ですね。
캉꼬꾸고가 오죠―즈데스네

15 슬픔·위로할 때

だいじょうぶ
大丈夫ですか。
다이죠―부데스까

だいじょうぶ
大丈夫です。
다이죠―부데스

つぎ
この次はきっとうまくいきますよ。
고노 쓰기와 깃또 우마꾸 이끼마스요

괜찮습니까? / 괜찮습니다. / 다음에는 꼭 잘 될 거예요.

상대를 위로하는 표현에는 여러 가지가 있다. 만약 상대가 슬프다는 감정 표현을 하면 「きっと うまく いきますよ(꼭 잘 될 거예요)」라고 위로를 하며, 친한 친구라면 「あなたの 助(たす)けになりたい(네 도움이 되고 싶어)」라고 위로한다. 이에 대한 응답 표현으로는 「私は 大丈夫です。ありがとう(나는 괜찮습니다. 고마워요)」, 「気を つかってくれて ありがとう(신경 써 줘서 고마워)」가 있다.

◆ 그거 안됐군요.

それはいけませんね。

소레와 이께마센네

◆ 유감스럽군요.

残念ですね。

잔넨데스네

◆ 그건 당신 탓이 아닙니다.

それはあなたのせいではありません。

소레와 아나따노 세—데와 아리마셍

◆ 힘을 내세요.

元気を出してください。

겡끼오 다시떼 구다사이

◆ 걱정 말아요. 저는 괜찮습니다.

ご心配なく。わたしは大丈夫です。

고심빠이나꾸　　　　와따시와 다이죠—부데스

◆ 마음은 잘 알겠습니다.

お気持ちはよくわかります。

오키모찌와 요꾸 와까리마스

◆ 꼭 잘 될 거예요.

きっと、うまくいきますよ。

깃또　　　　우마꾸 이끼마스요

私のプランをどう思いますか。
와따시노 프랑오 도— 오모이마스까

すばらしいと思います。
あなたのプランに賛成します。
스바라시—또 오모이마스
아나따노 프란니 산세—시마스

賛成してくれて、
ありがとうございます。
산세—시떼 구레떼
아리가또— 고자이마스

제 계획을 어떻게 생각합니까? / 훌륭하다고 생각합니다. 당신의 계획에 찬성합니다. /
찬성해 줘서 고맙습니다.

「いいですよ」는 상대방의 제안이나 의견에 아무런 이의나 반론이 없이 기꺼이 찬
성하고 동의할 때 쓰이는 표현이다. 「よし」는 감탄사로 「알았다」는 뜻을 나타낸다.
「結構(けっこう)です」는 만족이나 찬성의 기분을 나타낼 때 쓰이기도 하며, 특히
상대에게 타협안을 들었을 때 상대의 의견이나 행위에 대한 응답으로써 쓰인다.

♦ 찬성입니다.

賛成です。
<ruby>賛成<rt>さんせい</rt></ruby>です。

산세—데스

♦ 물론입니다.

もちろんです。

모찌론데스

♦ 지당하다고 생각합니다.

もっともだと思います。
もっともだと<ruby>思<rt>おも</rt></ruby>います。

못또모다또 오모이마스

♦ 그렇게 할까요?

そうしましょうか。

소— 시마쇼—까

♦ 그렇게 합시다.

そうしましょう。

소— 시마쇼—

♦ 잘 알았습니다.

よくわかりました。

요꾸 와까리마시다

♦ 언제든지 네 편이야.

いつでもあなたの味方よ。
いつでもあなたの<ruby>味方<rt>みかた</rt></ruby>よ。

이쓰데모 아나따노 미까따요

あなたには賛成(さんせい)できません。
아나따니와 산세―데끼마셍

少(すこ)し待(ま)つべきです。
스꼬시 마쯔베끼데스

私(わたし)のプランに何(なに)か問題(もんだい)が
ありますか。
와따시노 프란니 나니까 몬다이가
아리마스까

당신에게는 찬성할 수 없습니다. / 제 계획에 무슨 문제가 있습니까? / 좀 기다려야만
합니다.

일본인은 자신의 의견을 확실하게 표현하는 것은 상대에게 실례가 된다고 생각하
고 있다. 따라서 자신의 반대 의사를 표현할 때도 분명하게 말하기보다는 완곡하
게 표현한다. 「私は そう 思いません(저는 그렇게 생각하지 않습니다)」는 상대
의 의견이나 제안에 자신의 생각은 그렇지 않다고 반대할 때 쓰이는 표현으로 「反
対(はんたい)です」에 비해 다소 완곡한 표현이다.

♦ 유감스럽지만, 찬성할 수 없습니다.

残念ですが、賛成できません。

잔넨데스가　　　　　산세―데끼마셍

♦ 그건 다릅니다.

それは違います。

소레와 치가이마스

♦ 저는 그렇게는 생각하지 않습니다.

わたしはそうは思いません。

와따시와 소―와 오모이마셍

♦ 동의하기 어렵습니다.

同意しかねます。

도―이시까네마스

♦ 그건 안 됩니다.

それはいけません。

소레와 이께마셍

♦ 그럼, 어떻게 할까요?

それでは、どうしましょうか。

소레데와　　　　　도― 시마쇼―까

♦ 의미가 있는 의논이었습니다.

有意義な話し合いでしたね。

유―이기나 하나시아이데시따네

そうしたいのですか。
소— 시따이노데스까

そうしたいのですが、
いま、いそがしいです。
소— 시따이노데스가
이마 이소가시—데스

わかりました。それじゃ、この
次にしましょう。
와까리마시다　소레쟈 고노 쓰기니 시마쇼—

그렇게 하고 싶습니까? / 그렇게 하고 싶은데, 지금 바쁩니다. / 알았습니다. 그럼 이 다음에 합시다.

이 표현은 상대의 의뢰나 제안에 감사는 하지만, 어쩔 수 없이 거절을 해야 할 때 쓰이는 표현이다. 「けっこうです(괜찮습니다)」는 「いいです(됐습니다)」나 「十分(じゅうぶん)です(충분합니다)」 등으로 바꾸어 표현할 수도 있다.

◆ 유감스럽지만, 그렇게 할 수는 없습니다.

残念ですが、そう することはできません。

잔넨데스가　　　　　소— 스루 고또와 데끼마셍

◆ 그건 무리일 것 같습니다.

それは無理だと思います。

소레와 무리다또 오모이마스

◆ 그건 할 수 없을 것 같군요.

それ、できそうもないですね。

소레　　　데끼소—모 나이데스네

◆ 아니오, 됐습니다.

いいえ、けっこうです。

이—에　　　겍꼬—데스

◆ 저로서는 어떻게 할 수도 없습니다.

わたしにはどうすることもできません。

와따시니와 도— 스루 고또모 데끼마셍

◆ 생각해 봅시다.

考えておきましょう。

강가에떼 오끼마쇼—

◆ 그건 좀 어렵겠군요.

それはちょっとむずかしいですね。

소레와 춋또 무즈까시—데스네

しつもん
質問してもいいですか。
시쯔몬시떼모 이-데스까

ナウいってどういう
いみ
意味ですか。
나우잇떼 도-이우 이미데스까

なん
どうぞ、何ですか。
도-조   난데스까

질문해도 됩니까? / 하세요, 뭡니까? / ナウい란 무슨 뜻입니까?

일본어에서 의문이나 질문을 나타내는 종조사로는 「か」가 일반적이지만, 그밖에 「の」가 있으며, 평서문의 끝을 올려서 말하면 질문의 표현이 된다. 의문을 나타내는 말로는 「何(なに), どれ, いつ, どちら, どこ, だれ」 등이 있다.

◆ 이 냄새는 뭐지?

このにおいは何だ?

고노 니오이와 난다

◆ 질문해도 되니?

質問してもいい?

시쯔몬시떼모 이-

◆ ナウい란 무슨 뜻입니까?

ナウいってどういう意味ですか。

나우잇떼 도-이우 이미데스까

◆ 이건 누구 것이니?

これはだれの?

고레와 다레노

◆ 어느 차입니까?

どの車ですか。

도노 구루마데스까

◆ 이건 뭐라고 하니?

これは何て言うの?

고레와 난떼 이우노

◆ 어디에 갑니까?

どこへ行きますか。

도꼬에 이끼마스까

20. 긍정할 때

田中^{た なか}さんですか。

다나까산데스까

わたしは韓国^{かんこく}からのキムです。

와따시와 캉꼬꾸까라노 기무데스

はい、そうです。

하이   소-데스

다나카 씨이세요? / 네, 그렇습니다. / 저는 한국에서 온 김입니다.

상대의 말에 긍정을 할 때 쓰이는 대표적인 감탄사로는 「はい(예)」가 있으며, 가볍게 말할 때는 「ええ」, 「うん(응)」으로 표현한다. 그밖에 긍정 표현으로는 「そうです(그렇습니다)」 있다.

◆ 네, 그렇습니다.

はい、そうです。
하이   소-데스

◆ 그렇게 생각합니다만.

そう思いますが。
소- 오모이마스가

◆ 전적으로 말씀하신 대로입니다.

まったくおっしゃるとおりです。
맛따꾸 옷샤루 토-리데스

◆ 그래!

そうだ!
소-다

◆ 맞습니다.

そのとおりです。
소노 토-리데스

◆ 부탁합니다.

お願いします。
오네가이시마스

◆ 맞아!

あたり!
아따리

今日は忙しいんだよ。
쿄ー와 이소가신다요

なんのことだ?
난노 고또다

それじゃだめだよね。
소레쟈 다메다요네

오늘은 바빠. / 그렇다면 안 되겠네. / 무슨 일인데?

상대의 의견이나 제안에 관해 부정할 때 쓰이는 감탄사로는 「いいえ(아니오)」가 있으며, 가볍게 말할 때는 「いや(아니)」「ううん(아냐)」가 있다. 그밖에 부정 표현으로는 「ちがいます(다릅니다)」가 있다.

♦ 아니오, 다릅니다(아닙니다).

いいえ、違います。
이-에　치가이마스

♦ 그렇지는 않습니다.

そうではありません。
소-데와 아리마셍

♦ 그렇게는 말하지 않았어요.

そうは言ってませんよ。
소-와 잇떼마셍요

♦ 당치도 않습니다.

とんでもありません。
돈데모 아리마셍

♦ 예, 조금도.

ええ、ちっとも。
에-　칫또모

♦ 저는 말하지 않았습니다.

わたしは言っておりません。
와따시와 잇떼 오리마셍

♦ 그럼 안 되겠군요.

それじゃ だめですね。
소레쟈 다메데스네

Part 03

기본표현

どちらへ?
어디 가세요?

A 大西さん、こんにちは。
오-니시상 곤니찌와

B ああ、ホンさん、こんにちは。お出かけですか。
아- 혼상 곤니찌와 오데까께데스까

A ええ、ちょっと用事で。おいそがしいですか。
에- 춋또 요지데 오이소가시-데스까

B まあまあです。
마-마-데스

A : 오니시 씨, 안녕하세요?

B : 아, 홍씨, 안녕하세요? 외출하십니까?

A : 예, 잠깐 일이 있어서요. 바쁘세요?

B : 그저 그렇습니다.

♦ 기무라 씨, 외출하세요?

木村さん、お出かけですか。

기무라상　　　　오데까께데스까

* 出かける 나가다, 외출하다 | お+동사의 ます형+です는 존경표현이다.

♦ 무얼 하러 가니?

何をしに行くの？

나니오 시니 이꾸노

* 동사의 ます형+に行く는 「~하러 가다」의 뜻으로 동작이나 행위의 목적을 나타낸다.

♦ 어머, 또 뵙네요.

おや、また会いましたね。

오야　　　마따 아이마시따네

* おや는 뜻밖의 일에 놀라서 내는 말로 「어머」의 뜻이다.

♦ 야, 자주 뵙네요.

やあ、よく会いますね。

야-　　　요꾸 아이마스네

♦ 날씨가 좋군요.

いいお天気ですね。

이- 오뗑끼데스네

* 우리말로 직역하여 天気がいいですね라고 하지 않도록 주의한다.

♦ 오늘은 얼굴 색이 좋군요.

きょうは顔色がいいですね。

쿄-와 가오이로가 이-데스네

02 모르는 사람에게 말을 걸 때

> なにかおこまりですか。
> 무슨 곤란한 일이 있으세요?

A **お尋ねしますが、ここは営業部ですか。**
오따즈네시마스가　　　고꼬와 에－교－부데스까

B **そうです。どんなご用件でしょうか。**
소－데스　　　돈나 고요－껜데쇼－까

A **ホンと申しますが、部長さんにお会いしたいのです。**
혼또 모－시마스가　　　부쬬－산니 오아이시따이노데스

B **どうぞ、お入りください。**
도－조　　　오하이리쿠다사이

A : 말씀 좀 묻겠는데요, 여기가 영업부입니까?

B : 그렇습니다. 무슨 일이신가요?

A : 홍이라고 하는데요, 부장님을 뵙고 싶습니다.

B : 자, 들어오세요.

♦ 무슨 곤란한 일이 있으세요?

何かお困りですか。

나니까 오꼬마리데스까

* 困る 곤란하다. 난처하다

♦ 어떻게 된 겁니까?

どうなさったのですか。

도-나삿따노데스까

* なさる 하시다. する의 존경어

♦ 도와드릴까요?

お手伝いしましょうか。

오테쓰다이시마쇼-까

* 手伝う 거들다 | お+동사의 ます형+する는 겸양표현

♦ 죄송한데요, 지금 몇 시입니까?

すみません、いま何時ですか。

스미마셍가　　　　　이마 난지데스까

♦ 죄송합니다, 잠깐 여쭤도 되겠습니까?

すみません、ちょっとお尋ねしてよろしいでしょうか。

스미마셍　　　　　츳또 오따즈네시떼 요로시-데쇼-까

* 尋ねる 여쭙다 | よろしい 좋다. よい의 겸양어

♦ 여보세요, 뭔가 떨어졌어요.

もしもし、何か落ちましたよ。

모시모시　　　　나니까 오찌마시따요

03 집에 초대할 때

> あそびにいらっしゃい。
> 놀러 오세요!

A 私のうちにちょっと寄っていってください。
와따시노 우찌니 춋또 욧떼 잇떼 쿠다사이

B もう遅いでしょう。
모- 오소이데쇼-

A 大丈夫、お茶でも飲みにきてください。
다이죠-부　오쨔데모 노미니 기떼 쿠다사이

B それじゃ、お邪魔します。
소레쟈　오쟈마시마스

A : 우리 집에 잠깐 들렀다 가세요.

B : 너무 늦었어요.

A : 괜찮아요, 차라도 마시러 오세요.

B : 그럼, 들를게요.

◆ 일요일에 우리 집에 오세요.

日曜日わたしのうちにおいでください。
니찌요-비 와따시노 우찌니 오이데 쿠다사이

* おいでは「でる(나가다)・いく(가다)・くる(오다)・いる(있다)」의 높임말이다

◆ 잠깐 저희 집에 들러 주십시오.

ちょっとわたしのうちへお寄りになってください。
춋또 와따시노 우찌에 오요리니 낫떼 쿠다사이

* お+동사의 ます형+ください는 「~해 주십시오」의 뜻으로 존경표현이다.

◆ 내일 축제가 있습니다. 놀러 오세요.

あすお祭りがあります、お遊びにいらっしゃい。
아스 오마쯔리가 아리마스 　　　　　　오아소비니 이랏샤이

* いらっしゃいは 존경의 동사 いらっしゃる(오시다, 가시다, 계시다)의 명령형이다.

◆ 가는 길에 저한테 들러 주십시오.

ついでに私のところへお立ち寄りください。
쓰이데니 와따시노 도꼬로에 오따찌요리 쿠다사이

* ついでに ~하는 김에

◆ 언제 한가할 때 놀러 오세요.

いつか、お暇の折に遊びに来てください。
이쯔까 　　　　오히마노 오리니 아소비니 기떼 쿠다사이

* ~に来る ~하러 오다

◆ 이번에 이사했는데, 시간 있을 때 들러 주십시오.

今度引越しましたので、お暇なときお立ち寄りください。
콘도 힉꼬시시마시따노데 오히마나 도끼 오따찌요리 쿠다사이

* 立ち寄る 들르다

117

04 손님을 맞이할 때

ようこそ!
어서 오세요!

A 大山さんいらっしゃいますか。
おおやま
오-야마상 이랏샤이마스까

B どうぞ、お入りください。ようこそいらっしゃいました。
도-조   오하이리 쿠다사이   요-꼬소 이랏샤이마시다

A 遅くなって、お待たせしてしまいました。
おそ   ま
오소꾸 낫떼   오마따세시떼 시마이마시다

B いいえ、ちょうどよいところにいらっしゃいました。
이-에   쵸-도 요이 도꼬로니 이랏샤이마시다.

A : 오야마 씨 계십니까?

B : 예, 들어오십시오. 잘 오셨습니다.

A : 늦어서 죄송합니다.

B : 아니오, 마침 적당한 때 오셨습니다.

◆ 잘 오셨습니다.

ようこそいらっしゃいました。
요-꼬소 이랏샤이마시다

* ようこそはよくこその音便(音便)으로 남의 방문을 기쁘게 받아들이는 말이다.

◆ 어서 오십시오. 기다리고 있었습니다.

いらっしゃい。お待ちしていました。
이랏샤이   오마찌시떼 이마시다

◆ 야, 잘 왔어.

やあ、よく来てくれたね。
야-   요꾸 기떼 구레따네

* やあは「어. 야」의 뜻으로 가볍게 놀람을 나타내는 소리이다.

◆ 들어오십시오. 잘 오셨습니다.

お入りください。ようこそお出でくださいました。
오하이리 쿠다사이 요-꼬소 오이데 쿠다사이마시다

◆ 때마침 잘 오셨습니다.

ちょうどよいところにいらっしゃいました。
쵸-도 요이 도꼬로니 이랏샤이마시다

* ちょうどよいところ 마침 좋은 때. 때마침

◆ 늦었네요. 많이 기다렸어요.

遅かったですね。ずいぶん待ちましたよ。
오소깟따데스네   즈이붐 마찌마시다요.

05 손님께 권하는 말

どうぞ、おらくに。
편하게 계세요.

A みんな知(し)っている人(ひと)ですから、どうぞ、お楽(らく)に。
민나 싯떼 이루 히또데스까라　　　　　도−조　　　오라꾸니

B ありがとうございます。
아리가또− 고자이마스

A 暑(あつ)かったら、上着(うわぎ)をお脱(ぬ)ぎになってください。
아쯔깟따라　　　우와기오 오누기니 낫떼 쿠다사이

B じゃ、遠慮(えんりょ)なく、そうさせてもらいます。
쟈　　엔료나꾸　　　　소− 사세떼 모라이마스

A : 모두 아는 사람이니까 편하게 계세요.

B : 감사합니다.

A : 더우면 겉옷을 벗으십시오.

B : 그럼, 편하게 그리 하겠습니다.

♦ 여기서는 너무 부담 갖지 마세요.

ここではどうぞ、遠慮しないでください。
고꼬데와 도−조　　　　엔료시나이데 쿠다사이

* 遠慮する 사양하다 | ~ないでください ~하지 마세요

♦ 자, 사양 마세요.

どうぞ、ご遠慮なく。
도−조　　　고엔료나꾸

♦ 자, 편히 앉으십시오.

どうぞ、自由におかけください。
도−조　　　지유−니 오까께 쿠다사이

* かける (의자 등에) 걸터앉다

♦ 불편하게 생각 말고, 자, 편히 있으세요.

堅くならないで、どうぞ、お楽に。
카따꾸나라나이데　　　　도−조　　　오라꾸니

* 楽だ (심신이) 편하다. 안락하다

♦ 사양하실 필요는 없습니다. 편하게 하십시오.

ご遠慮することはありません。ご自由になさっ
てください。
고엔료스루 고또와 아리마셍　고지유−니 나삿떼 쿠다사이

♦ 덥죠? 겉옷을 벗고 편히 계십시오.

暑いでしょう。上着を脱いでくつろいでください。
아쯔이데쇼−　　　　우와기오 누이데 구쓰로이데 쿠다사이

* 服を脱ぐ 옷을 벗다 ↔ 服を着(き)る 옷을 입다

06 손님께 음료를 권할 때

> おちゃをどうぞ。
> 차 드세요.

A **何か飲み物はいかがですか。**
나니까 노미모노와 이까가데스까

B **はい、ちょっと喉が渇きました。冷たい飲み物がありますか。**
하이 춋또 노도가 카와끼마시다   쓰메따이 노미모노가 아리마스까

A **ビールとジュースとどちらがいいですか。**
비-루또 쥬-스또 도찌라가 이-데스까

B **じゃ、ジュースをいただきます。**
쟈-   쥬-스오 이따다끼마스

A : 마실 것을 드릴까요?

B : 네, 목이 좀 마릅니다. 차가운 음료가 있나요?

A : 맥주와 주스 중에 어느 게 좋겠어요?

B : 그럼, 주스로 주세요.

♦ 이건 홍차입니다. 드십시오.

これは紅茶です。どうぞ。

고레와 코-쨔데스　도-조

* どうぞ는 영어의 please처럼 아주 편리하게 쓰이는 말이다.

♦ 무얼 마시겠습니까?

何をお飲みになりますか。

나니오 오노미니나리마스까

* お+동사의 ます형+なる는 「~하시다」의 뜻으로 존경표현을 만든다.

♦ 마실 것은 무엇으로 하시겠습니까?

お飲み物は何になさいますか。

오노미모노와 나니니 나사이마스까

♦ 맥주는 어떠세요?

ビールはいかがですか。

비-루와 이까가데스까

♦ 한 잔 더 드실래요?

もう一杯いかがですか。

모- 입빠이 이까가데스까

* いかがですか는 どうですか의 존경표현으로 상대의 의향을 물을 때 쓰이는 말이다.

♦ 뜨거운 것과 차가운 것 중 어느 것이 좋으시겠어요?

熱いのと冷たいのとどちらがよろしいでしょうか。

아쯔이노또 쓰메따이노또 도찌라가 요로시-데쇼-까

* 暑(あつ)い 덥다 | 熱(あつ)い 뜨겁다 | 厚(あつ)い 두껍다

07 손님께 음식을 권할 때

どうぞ、どうぞ！
드세요!

A この料理はおいしいですから、召し上がってみてください。

고노 료―리와 오이시―데스까라   메시아갓떼 미떼 쿠다사이

B いただきました。とてもおいしいです。

이따다끼마시다   도떼모 오이시―데스

A では、もう少しどうぞ。

데와   모― 스꼬시 도―조

B どうも。もうずいぶんいただきました。

도―모   모― 즈이붕 이따다끼마시다

A : 이 요리는 맛있으니 드셔보세요.

B : 먹었습니다. 매우 맛있습니다.

A : 그럼, 좀 더 드세요.

B : 고맙습니다. 많이 먹었습니다.

124

♦ 자, 사양 마시고 드세요.

さあ、どうぞ、ご遠慮_{えんりょ}なく。
사－　　도－조　　　고엔료나꾸

♦ 식기 전에 드세요.

熱いうちに召し上がってください。
아쯔이 우찌니 메시아갓떼 쿠다사이

* 우리말의 「~하기 전에」에 해당하는 일본어 표현은 ~うちに로 표현한다.

♦ 좀 더 드세요.

もう少し召し上がってください。
모－ 스꼬시 메시아갓떼 쿠다사이

* 召し上がる는 「食(た)べる 먹다」와 「飲(の)む 마시다」의 존경어이다.

♦ 마음껏 드세요.

思う存分召し上がってください。
오모우좀분 메시아갓떼 쿠다사이

* 思う存分 마음껏. 실컷

♦ 한국요리는 입에 맞습니까?

韓国料理はお口に合いますか。
캉꼬꾸료－리와 오쿠찌니 아이마스까

* 口に合う 입에 맞다 ↔ 口に合わない 입에 안 맞다

♦ 입에 맞지 않으면 남기세요.

お口に合わなければ、残してください。
오쿠찌니 아와나께레바　　　노꼬시떼 쿠다사이

* ~なければ ~하지 않으면

125

08 자리에서 일어날 때

しつれいいたします。
이만 가보겠습니다.

A もう遅いので、そろそろ失礼します。
모- 오소이노데　소로소로 시쯔레-시마스

B まだ早いですよ。もうしばらくいらっしゃいよ。
마다 하야이데스요　모- 시바라꾸 이랏샤이요

A いいえ、ずいぶんお邪魔しました。
이-에　즈이붕 오쟈마시마시다

B どういたしまして、またちょくちょく遊びにきてく
ださい。
도-이따시마시떼　마따 쵸꾸쵸꾸 아소비니 기떼 쿠다사이

A : 시간이 많이 지나서 이만 가볼게요.

B : 아직 일러요. 좀 더 계세요.

A : 아니오, 너무 실례가 많았습니다.

B : 천만에요. 가끔 놀러오세요.

♦ 이만 가보겠습니다.

これで失礼します。
고레데 시쯔레ー시마스

♦ 시간도 늦었고, 이만 가보겠습니다.

時間も遅いので、これで失礼します。
지깡모 오소이노데　　　　고레데 시쯔레이시마스

♦ 실례했습니다.

お邪魔しました。
오쟈마시마시다

* 邪魔する 방해하다. 실례하다

♦ 폐가 많았습니다.

ご迷惑をかけました。
고메ー와꾸오 가께마시다

* 迷惑をかける 폐를 끼치다. 번거롭게 하다

♦ 신세가 많았습니다.

お世話になりました。
오세와니 나리마시다

* 世話になる 신세를 지다

♦ 오늘 무척 즐거웠습니다.

きょうはとても楽しかったです。
쿄ー와 도떼모 다노시깟따데스

* 형용사의 과거형은 ~かった로 나타내며 정중하게 말할 때는 ~かったです이므로, ~ いでした로 표현하지 않도록 주의한다.

きをつけて！
살펴 가세요!

A では、失礼します。
데와 시쯔레-시마스

B 道中ご無事で。
도-쮸- 고부지데

A わざわざお見送りありがとうございます。
와자와자 오미오꾸리 아리가또- 고자이마스

B またいらしてください。さようなら。
마따 이라시떼 쿠다사이 사요-나라

A : 그럼, 가보겠습니다.

B : 살펴 가세요.

A : 일부러 배웅 나와 주셔서 감사합니다.

B : 또 오십시오. 안녕히 가세요.

◆ 가시는 길에 살펴 가세요.

道中お気をつけてください。
도-쮸- 오끼오 쓰께떼 쿠다사이

* 気をつける 주의하다. 조심하다

◆ 즐거운 여행이 되시길 빌겠습니다.

楽しいご旅行をお祈りします。
다노시- 고료꼬-오 오이노리시마스

* 祈る 빌다

◆ 몸조심 잘 하세요.

体によく気をつけてください。
가라다니 요꾸 기오 쓰께떼 쿠다사이

◆ 역까지 바래다드리죠.

駅までお送りしましょう。
에끼마데 오오꾸리시마쇼-

◆ 모든 분들에게 안부 전해 주세요.

みなさんによろしくお伝えください。
미나산니 요로시꾸 오쓰따에 쿠다사이

◆ 또 오십시오.

またいらしてください。
마따 이라시떼 쿠다사이

* いらしてください는 いらっしゃってください를 줄인 말이다.

129

10 일을 대신 처리할 때

わたしにやらせてください。
제가 하겠습니다.

A　この件はどうしましょう。
けん
고노 껭와 도- 시마쇼-

B　私にやらせてください。
わたし
와따시니 야라세떼 쿠다사이

A　いいですよ。じゃ、お願いします。
ねが
이-데스요　　　쟈　　오네가이시마스

B　大丈夫です。お任せください。
だいじょうぶ　　まか
다이쬬-부데스　　오마까세 쿠다사이

A : 이 일은 어떻게 할까요?

B : 제가 하겠습니다.

A : 좋아요. 그럼, 부탁할게요.

B : 괜찮습니다. 맡겨 주세요.

130

♦ 이건 제게 맡겨 주세요.

これは私に任せてください。

고레와 와따시니 마까세떼 쿠다사이

♦ 제가 거들어드리죠.

私がお手伝いしましょう。

와따시가 오테쓰다이시마쇼-

* 手伝う 거들다. 돕다

♦ 그대로 있어요, 제가 할 테니까.

どうぞそのままで、私がしますから。

도-조 소노마마데   와따시가 시마스까라

♦ 저로도 괜찮다면 제가 하겠습니다.

私でいいのなら、やらせてください。

와따시데 이-노나라   야라세떼 쿠다사이

* なら는 단정을 나타내는 だ와 형용동사의 가정형으로 ならば를 줄인 형태이다.

♦ 저로도 괜찮다면, 맡겨 주세요.

私でよければ、任せてください。

와따시데 요께레바   마까세떼 쿠다사이

* よければ는 형용사 よい (좋다)와 같은 뜻으로 쓰이는 いい (좋다)는 가정형이다.

♦ 이 일은 익숙하니까 제가 할게요.

この仕事にはなれていますから、やらせてください。

고노 시고또니와 나레떼 이마스까라 야라세떼 쿠다사이

* ~(さ)せてください는 타인에게 어떤 동작이나 행위를 시켜서 받는다는 겸양적인 표현으로 자신이 하겠다는 의지를 나타낸다.

자리를 권할 때

どうぞ!
앉으세요!

A やあ、いらっしゃい。みんなお待ちしていたところ
です。

야- 이랏샤이 민나 오마찌시떼 이따 도꼬로데스

B 遅くなってすみません。

오소꾸 낫떼 스미마셍

A どこへでもご自由にお座りください。

도꼬에데모 고지유-니 오스와리 쿠다사이

B どうも。

도-모

A : 야-, 어서 오세요. 모두 기다리고 있던 참입니다.

B : 늦어서 미안합니다.

A : 아무데나 편히 앉으십시오.

B : 감사합니다.

◆ 자 여기에 앉으십시오.

どうぞここにお座りください。

도-조 고꼬니 오스와리 쿠다사이

＊座る (바닥에) 앉다

◆ 자 안쪽으로 앉으십시오.

どうぞ中の方にお座りください。

도-조 나까노 호-니 오스와리 쿠다사이

＊「お＋동사의 ます형＋ください」는 존경의 의뢰표현으로 「～해 주십시오」의 뜻이다.

◆ 상석으로 앉으십시오.

上座へどうぞ。

카미자에 도-조

◆ 여기가 비어 있으니까 앉으십시오.

ここが空いていますから、どうぞ。

고꼬가 아이떼 이마스까라 도-조

＊空く 비다

◆ 앞 테이블 쪽으로 앉으십시오.

前のテーブルの方におかけください。

마에노 테-부루노 호-니 오까께 쿠다사이

◆ 좌석은 지정되어 있지 않습니다. 편할 대로 앉으세요.

座席は指定してありません。どうぞご自由に。

자세끼와 시떼-시떼 아리마셍　　　　　　도-조 고지유-니

＊～てある ～되어 있다. ～해두다

わたしのプレゼントです。
제 선물입니다.

A 新^{あたら}しいおもちゃです。お子^こさんにどうぞ。
아따라시- 오모쨔데스　　　오꼬산니 도-조

B 散財^{さんざい}させて、すみません。
산자이사세떼　　스미마셍

A いいえ、たいしたことはありません。どうぞお受^うけ取^とり
ください。
이-에 다이시따 고또와 아리마셍　도-조 오우께또리 쿠다사이

B そうですか。ありがとうございます。
소-데스까　　　아리가또- 고자이마스

A : 새로운 장난감입니다. 아이에게 주세요.

B : 쓸데없이 돈을 쓰게 해서 죄송합니다.

A : 아뇨, 대단한 건 아닙니다. 받아 주십시오.

B : 그러세요. 고맙습니다.

◆ 이건 조그만 성의입니다. 받아 주십시오.

れはほんのこころざしです。どうぞ。
고레와 혼노 고꼬로자시데스　　　　　　도-조

* ほんの (「매우 적은」 뜻으로) 겨우. 명색뿐인

◆ 이건 작은 마음입니다.

これはほんの気持ちです。
고레와 혼노 기모찌데스

◆ 이걸 선물로 드리겠습니다. 기념으로 삼아 주십시오.

これをお贈りします。記念にしてください。
고레오 오오꾸리시마스　　　　　키넨니 시떼 쿠다사이

* 贈る (선물 따위를) 보내다. 증정하다

◆ 회사에서 드리는 기념품입니다. 받아 주십시오.

会社からの記念品です。お受け取りください。
카이샤까라노 키넹힌데스　　　　　오우께또리 쿠다사이

* 受け取る 수취하다

◆ 변변치 않습니다만, 받아 주십시오.

おそまつですが、お受け取りください。
오소마쯔데스가　　　　　오우께또리 쿠다사이

* そまつ 품질 좋지 못한 모양. 조잡한 모양

◆ 약소하지만, 받아 주십시오.

つまらないものですが、どうぞ。
쓰마라나이 모노데스가　　　　　도-조

* つまらない 보잘것없다. 무가치하다

ごよていは?
어떤 계획이 있으세요?

A あしたは何をなさいますか。
아시따와 나니오 나사이마스까

B 友だちを訪ねに行きます。
도모다찌오 다즈네니 이끼마스

A じゃ、あさっての晩は何かありますか。
쟈 아삿떼노 방와 나니까 아리마스까

B 別に何もありません。うちにいます。
베쓰니 나니모 아리마셍 우찌니 이마스

A : 내일은 무엇을 하십니까?

B : 친구를 만나러 갑니다.

A : 그럼, 모레 밤에는 무슨 일이 있나요?

B : 특별히 없습니다. 집에 있습니다.

◆ 내일 시간 있으세요?

あしたお時間ありますか。

아시따 오지깡 아리마스까

◆ 오후에는 무엇을 하십니까?

午後は何をなさいますか。

고고와 나니오 나사이마스까

◆ 오후에는 어떻게 예정하고 계십니까?

午後はどのようにご予定しておりますか。

고고와 도노요-니 요떼-시떼 오리마스까

* どのように 어떻게, 어떤 식으로

◆ 내일은 비어 있습니까?

あしたは空いていますか。

아시따와 아이떼 이마스까

◆ 일요일에는 어떻게 보낼 예정입니까?

日曜日はどう過ごすつもりですか。

니찌요-비와 도- 스고스 쓰모리데스까?

* ~つもりです는 아직 확정되지 않은 예정, 즉 생각을 말할 때 쓰인다.

◆ 다음 주 스케줄은 어때요?

来週のスケジュールはどうですか。

라이슈-노 스께쥬-루와 도-데스까

14 약속시간을 정할 때

おうかがいしたいのですが。
찾아뵙고 싶은데요.

A お宅へおうかがいしたいのですが。
오따꾸에 오우까가이시따이노데스가

B ぜひいらしてください。
제히 이라시떼 쿠다사이

A いつ頃おうかがいすればよろしいでしょうか。
이쯔고로 오우까가이 스레바 요로시-데쇼-까

B このところずっとうちにいます。 いつでもどうぞ。
고노 도꼬로 즛또 우찌니 이마스   이쯔데모 도-조

A : 댁으로 찾아뵙고 싶은데요.

B : 꼭 오십시오.

A : 언제쯤 찾아뵈면 괜찮을까요?

B : 요즘 계속 집에 있습니다. 언제든지 오십시오.

♦ 밤에는 언제쯤이 좋을까요?

晩はいつ頃が都合がいいでしょうか。

방와 이쯔고로가 쓰고ー가 이ー데쇼ー까

* 都合 형편. 기회. 사정

♦ 언제 그쪽으로 가면 괜찮을까요?

いつそちらへ行けばよろしいでしょうか。

이쯔 소찌라에 이께바 요로시ー데쇼ー까

* ~ばよろしいでしょうか ~하면 괜찮을까요?

♦ 시간은 언제가 괜찮을까요?

ご都合はいつがよろしいでしょうか。

고쓰고ー와 이쯔가 요로시ー데쇼ー까

♦ 오후 2시에 찾아뵈어도 괜찮을까요?

午後2時におうかがいしてよろしいでしょうか。

고고 니지니 오우까가이시떼 요로시ー데쇼ー까

♦ 6시에 도착하는데, 괜찮겠어요?

6時に着きますが、よろしいでしょうか。

로꾸지니 쓰끼마스가   요로시ー데쇼ー까

♦ 사정이 괜찮으시면 오늘 밤 8시에 댁으로 찾아뵙고 싶은데요.

ご都合がよろしければ、今夜8時にお宅へおうかがいしたいと思いますが。

고쓰고ー가 요로시께레바   공야 하찌지니 오따꾸에 오우까가이시따이또
오모이마스가

* ~たいと思います ~하고 싶습니다

139

약속하기 편한 시간과 장소를 물을 때

ごつごうは?
언제가 편하세요?

A 今日お会いしたいのですが、いかがでしょうか。
쿄- 오아이시따이노데스가　　　　　　　이까가데쇼-까

B 申し訳ありません。今日は予定がつまっています。
모-시와께 아리마셍　　　　쿄-와 요떼-가 쓰맛떼 이마스

A では、いつご都合がよろしいでしょうか。
데와　　이쯔 고쓰고-가 요로시-데쇼-까

B あすの午前中は暇です。いらしてください。
아스노 고젠쮸-와 히마데스　　　이라시떼 쿠다사이

A : 오늘 뵙고 싶은데요, 어떠세요?

B : 죄송합니다. 오늘은 일정이 차 있습니다.

A : 그럼, 언제 시간이 괜찮을까요?

B : 내일 오전 중에는 한가합니다. 오십시오.

♦ 시간은 어떠세요?

ご都合はいかがですか。

고쓰고-와 이까가데스까

♦ 다음 주 일요일은 어떠십니까?

来週の日曜日はいかがですか。

라이슈-노 니찌요-비와 이까가데스까

♦ 장소는 어디가 좋을까요?

場所はどこがよろしいですか。

바쇼와 도꼬가 요로시-데스까

♦ 무슨 사정이 안 좋은 일이 있나요?

何かご都合の悪いことがありますか。

나니까 고쓰고-노 와루이 고또가 아리마스까

♦ 이런 계획인데, 시간은 어떠세요?

こういう段取りですが、ご都合はいかがですか。

고-이우 단도리데스가   고쓰고-와 이까가데스까

＊段取り ① 마음의 준비. 준비를 함 ② 일의 순서·방법·수단을 정함

♦ 시간이 안 나세요?

時間の都合がつかないですか。

지깐노 쓰고-가 쓰까나이데스까

16 직장을 물어볼 때

おつとめは?
어디서 근무하세요?

A   どちらにお勤めですか。
도찌라니 오쓰또메데스까

B   会社に勤めています。
카이샤니 쓰또메떼 이마스

A   会社ではどの部門でお仕事をしておられますか。
카이샤데와 도노 부몬데 오시고또오 시떼 오라레마스까?

B   営業部で働いています。
에-교-부데 하따라이떼 이마스

A : 어디에 근무하십니까?

B : 회사에서 일하고 있습니다.

A : 회사에서는 어느 부서에서 일을 하고 계십니까?

B : 영업부에서 일하고 있습니다.

♦ 어디서 근무하세요?

どちらにお勤めですか。
도찌라니 오쓰또메데스까

* 勤める 근무하다

♦ 어느 부서에서 일을 하고 계십니까?

どういう部門でお仕事をしているのですか。
도-이우 부몬데 오시고또오 시떼 이루노데스까

♦ 어떤 장사를 하고 있습니까?

どんなご商売をなさっていますか。
돈나 고쇼-바이오 나삿떼 이마스까?

♦ 직장에 다니십니까, 아니면 학교에 다니고 있습니까?

お勤めですか、それとも学校に行っているのですか。
오쓰또메데스까   소레또모 각꼬-니 잇떼 이루노데스까

* それとも 또는. 혹은. 그렇지 않으면

♦ 직장은 어디에 있습니까?

お勤め先はどこにありますか。
오쓰또메사끼와 도꼬니 아리마스까

* 先는 동사의 ます형에 접속하여 일하는 곳이나 도착하는 곳을 나타낸다.

♦ 무슨 일을 하세요?

お仕事は?
오시고또와

고향을 물어볼 때

おくには?
고향은 어디세요?

A あなたは日本の方ですか。
아나따와 니혼노 카따데스까

B そうです。私は日本人です。
소-데스   와따시와 니혼진데스

A お国はどちらですか。
오꾸니와 도찌라데스까

B 私は大阪の出身です。
와따시와 오-사까 슛신데스

A : 당신은 일본 분입니까?

B : 그렇습니다. 저는 일본사람입니다.

A : 고향은 어디세요?

B : 저는 오사카 출신입니다.

◆ 고향은 어디세요?

郷里はどちらですか。
<ruby>郷里<rt>きょうり</rt></ruby>

쿄ー리와 도찌라데스까

◆ 고향은 어디세요(어느 나라 분이세요)?

お国はどちらですか。
<ruby>国<rt>くに</rt></ruby>

오꾸니와 도찌라데스까

* 国는 「나라」를 뜻하기도 하지만 「고향. 고장」의 뜻으로도 쓰인다.

◆ 저는 한국에서 왔습니다.

私は韓国から来ました。
<ruby>私<rt>わたし</rt></ruby><ruby>韓国<rt>かんこく</rt></ruby><ruby>来<rt>き</rt></ruby>

와따시와 캉꼬꾸까라 기마시다

◆ 어디 출신이세요?

どちらのご出身ですか。
<ruby>出身<rt>しゅっしん</rt></ruby>

도찌라노 고슛신데스까

* ご出身의 접두어 ご는 한자어에 접속하여 존경의 뜻을 나타낸다.

◆ 어디서 태어나셨습니까?

お生まれはどちらですか。
<ruby>生<rt>う</rt></ruby>

오우마레와 도찌라데스까

* お生まれ의 접두어 お는 주로 순수한 일본어에 접속하여 존경의 뜻을 나타낸다.

◆ 어디서 자랐습니까?

育ったのはどちらですか。
<ruby>育<rt>そだ</rt></ruby>

소닷따노와 도찌라데스까

18 가족을 물어볼 때

ごかぞくは
なんにんですか。
가족이 몇 분이세요?

A ご家族は何人ですか。
고카조꾸와 난닌데스까

B 全部で五人です。
젬부데 고닌데스

A 兄弟はいますか。
쿄-다이와 이마스까

B 姉が一人と弟が二人おります。
아네가 히또리또 오또-또가 후따리 오리마스

A : 가족은 몇 분이세요?

B : 모두 다섯 명입니다.

A : 형제는 있습니까?

B : 누나 한 명과 남동생 두 명이 있습니다.

◆ 가족은 누가 있습니까?

ご家族はだれがいますか。
고카조꾸와 다레가 이마스까

* 상대방의 가족을 말할 때는 존경의 접두어 お나 ご를 붙여 말한다.

◆ 댁에는 몇 분 계십니까?

お宅は何人いらっしゃいますか。
오따꾸와 난닝 이랏샤이마스까

* 상대방의 가족을 말할 때는 존경의 접미어 さん이나 さま, ちゃん을 붙여 말한다.

◆ 가족은 모두 몇 분이세요?

ご家族は全部で何人ですか。
고카조꾸와 젬부데 난닌데스까

◆ 형제는 몇 분이세요?

ご兄弟は何人ですか。
고쿄-다이와 난닌데스까

* 자신의 가족을 상대방에게 말할 때는 존경의 뜻을 나타내는 접미어, 접두어를 붙이지 않는다.

◆ 형님은 결혼하셨습니까?

お兄さんは結婚していますか。
오니-상와 겍꼰시떼 이마스까

* 말하는 자신보다 나이가 어리더라도 상대의 가족을 말할 때는 존경의 뜻을 나타내는 접미어, 접두어를 붙여 말한다.

◆ 여자형제는 있습니까?

女兄弟はいますか。
온나쿄-다이와 이마스까

* 가족 간에 윗사람을 부를 때는 존경의 뜻을 나타내는 접미어, 접두어를 붙여 부른다.

19 의미를 확인할 때

と、いうのは？
말씀하신 뜻은?

A と、おっしゃいますと、参加していただけるのですね。
또 옷샤이마스또   상까시떼 이따다께루노데스네

B そうです。間違いありません。
소ー데스   마찌가이 아리마셍

A それから、お話もしていただけるのですね。
소레까라   오하나시모 시떼 이따다께루노데스네

B ええ、もし必要なら。
예ー   모시 히쯔요ー나라

A : 그렇다면, 참석해주시는 거군요.

B : 그렇습니다. 틀림없습니다.

A : 그리고 말씀해주시는 거죠?

B : 예, 혹 필요하다면.

♦ 그렇다면?

と、おっしゃいますと？
또   옷샤이마스또

* おっしゃる 말씀하시다. いう(말하다)의 존경어

♦ 그렇다면, 그건 …라는 말씀이군요.

と、言いますと、それは…ということですね。
또   이이마스또   소레와   또 이우 고또데스네

♦ 찬성하신다는 말씀이군요.

賛成なさるということですね。
산세－나사루또 이우 고또데스네

* ~ということですね ~라는 말씀(뜻, 일)이군요

♦ 당신이 말씀하시는 것은 무슨 뜻입니까?

あなたのおっしゃることはどういう意味でしょうか。
아나따노 옷샤루 고또와 도－이우 이미데쇼－까

♦ 그건 이제 안 된다는 뜻이군요.

それは、もうだめだということですね。
소레와   모－ 다메다또 이우 고또데스네

* だめだ 안 된다. 쓸모없다

♦ 당신이 찬성한다는 게 틀림없군요.

あなたが賛成だということに間違いありませんね。
아나따가 산세－다또 이우 고또니 마찌가이 아리마센네

* ~に間違いない ~임에 틀림없다

반문할 때

なんですって?
뭐라고요?

A   何ておっしゃいました？
    난떼 옷샤이마시따

B   「ひかり」で帰ります。
    「히까리」데 가에리마스

A   「ひかり」と言いますと？
    「히까리」또 이이마스또

B   私が言っていることは、新幹線で帰るということです。
    와따시가 잇떼 이루 고또와   싱깐센데 가에루또 이우 고또데스

A : 뭐라고 말씀하셨습니까?

B : 「히카리」로 갑니다.

A : 「히카리」라고 한다면?

B : 제가 말하는 것은 신칸센으로 간다는 것입니다.

♦ 지금 뭐라고 말씀하셨습니까?

今何とおっしゃいましたか。
이마 난또 옷샤이마시다까

♦ 미안합니다, 잘 알아듣지 못했습니다.

すみません、よく聞き取れませんでした。
스미마셍　　　　　　요꾸 기끼또레마센데시다

＊聞き取る 알아듣다

♦ 말씀하시는 뜻을 모르겠습니다.

おっしゃることがわかりません。
옷샤루 고또가 와까리마셍

♦ 잠깐 기다려 주세요. 말씀하시는 뜻을 아직 잘 모르겠습니다.

**ちょっと待ってください。お話がまだよくわか
りません。**
춋또 맛떼 쿠다사이　　오하나시가 마다 요꾸 와까리마셍

♦ 미안합니다. 다시 한 번 말씀해 주세요.

すみません、もう一度言ってください。
스미마셍　　　　　　모- 이찌도 잇떼 쿠다사이

♦ 잘 모르겠습니다. 다시 한 번 말씀해 주시겠습니까?

**よくわかりません。もう一度話していただけま
せんか。**
요꾸 와까리마셍　　모- 이찌도 하나시떼 이따다께마셍까

＊～ていただけませんか ～해 주시지 않겠습니까?

151

21 이해했는지 확인할 때

わかりましたか。
알겠습니까?

A **今話したことをおわかりになりましたか。**
いまはな
이마 하나시따 고또오 오와까리니 나리마시다까

B **大体の意味はわかりました。**
だいたい　い み
다이따이노 이미와 와까리마시다

A **もう一度お話ししなくてもいいですか。**
いち ど　 はな
모- 이찌도 오하나시시나꾸떼모 이-데스까

B **けっこうです。**
겍꼬-데스

A : 지금 말씀드린 것을 이해하셨습니까?

B : 대강 뜻은 알았습니다.

A : 다시 한 번 말씀드리지 않아도 될까요?

B : 괜찮습니다.

♦ 알겠습니까?

わかりましたか。
와까리마시다까

♦ 뭔가 분명하지 않은 게 있나요?

何かはっきりしないことがありますか。
나니까 학끼리 시나이 고또가 아리마스까

*はっきりする 확실히 하다. 분명하게 하다

♦ 아직 무슨 문제가 있나요?

まだ何か問題がありますか。
마다 나니까 몬다이가 아리마스까

♦ 다시 한 번 반복할 필요가 있나요?

もう一度くり返す必要がありますか。
모ー 이찌도 구리까에스 히쯔요ー가 아리마스까

*くり返す 반복하다. 되풀이하다

♦ 이제 아시겠어요?

もうおわかりでしょうか。
모ー 오와까리데쇼ー까

♦ 충분히 이해하셨습니까?

十分にご理解いただけましたか。
쥬ー분니 고리까이 이따다께마시다까

22 상대방의 의견을 확인할 때

> これでいいですか。
> 이렇게 하면 될까요?

A このようにしてよろしいでしょうか。
고노 요-니 시떼 요로시-데쇼-까

B 別に何も意見はありません。
베쯔니 나니모 이껭와 아리마셍

A では、このように決めましょう。
데와　고노요-니 기메마쇼-

B はい、けっこうです。
하이　겍꼬데스

A : 이렇게 하면 괜찮을까요?

B : 별다른 의견은 없습니다.

A : 그럼, 이렇게 정합시다.

B : 네, 좋습니다.

◆ 이렇게 하면 됩니까?

これでよろしいですか。
고레데 요로시-데스까

◆ 그밖에 다른 제안은 없습니까?

ほかに何か提案がありますか。
호까니 나니까 테-앙가 아리마스까

◆ 이 문제에 대해 어떤 의견이 있습니까?

この問題についてどんなご意見がありますか。
고노 몬다이니 쓰이떼 돈나 고이껭가 아리마스까

* ~について ~에 대해서. ~에 관해서

◆ 이렇게 하는 것을 어떻게 생각하십니까?

このようにするのをどうお考えですか。
고노 요-니 스루노오 도- 오깡가에데스까

* お考えですか는 考えますか의 존경표현이다.

◆ 생각은 어떠십니까?

お考えはいかがですか。
오깡가에와 이까가데스까

* いかが는 どう(어떻게)의 존경어로 상대에게 의향을 물을 때 쓰인다.

◆ 이 경향을 당신은 어떻게 봅니까?

この傾向をあなたはどう見ますか。
고노 케-꼬-오 아나따와 도- 미마스까

155

ごしゅみは？
어떤 취미가 있으세요?

A   あなたの趣味は何ですか。

아나따노 슈미와 난데스까

B   私は読書が好きです。

와따시와 도꾸쇼가 스끼데스

A   読書のほかに何かありますか。

도꾸쇼노 호까니 나니까 아리마스까

B   ピンポンをするのが好きです。

핌뽕오 스루노가 스끼데스

A : 당신은 취미가 뭐예요?

B : 저는 독서를 좋아합니다.

A : 독서 이외에 뭔가 있습니까?

B : 탁구 치는 것을 좋아합니다.

◆ 당신은 무엇에 흥미를 갖고 계십니까?

あなたは何に興味をお持ちですか。

아나따와 나니니 쿄-미오 오모찌데스까

◆ 음악에는 흥미가 있으세요?

音楽には興味がおありですか。

옹가꾸니와 쿄-미가 오아리데스까

◆ 여행은 좋아하세요?

旅行はお好きですか。

료꼬-와 오스끼데스까

* 好きだ 좋아하다 ↔ 嫌(きら)いだ 싫어하다

◆ 여가는 어떻게 보내세요?

余暇の楽しみは何ですか。

요까노 다노시미와 난데스까

◆ 파친코에는 흥미가 없습니다.

パチンコには興味がありません。

파칭꼬니와 쿄-미가 아리마셍

◆ 수영은 제 취미에 맞지 않습니다.

水泳は私の趣味に合いません。

스이에-와 와따시노 슈미니 아이마셍

157

どうしたの？
어찌 된거죠?

A 彼はどうしてまだ来ないのでしょう。

カレ와 도-시떼 마다 고나이노데쇼-

B どうしてなのかわかりません。

도-시떼나노까 와까리마셍

A 時間を間違えたのじゃないでしょうね。

지깡오 마찌가에따노쟈 나이데쇼-네

B そんなはずはありません。はっきり言いました
から。

손나 하즈와 아리마셍   학끼리 이이마시따까라

A : 그는 왜 아직 오지 않는 거죠?

B : 왜 안 오는지 모르겠습니다.

A : 시간을 잘못 안 건 아니겠죠?

B : 그럴 리가 없어요. 확실히 말했으니까요.

♦ 도대체 어떻게 된 거죠?

一体どうしたのですか。

いったい

잇따이 도-시따노데스까

♦ 왜 안 됩니까?

どうしてだめなんですか。

도-시떼 다메난데스까

* どうして 왜, 어째서

♦ 어째서인지 설명해 주세요.

どうしてなのか説明してください。

せつめい

도-시떼나노까 세쯔메-시떼 쿠다사이

♦ 왜 오지 않는 거죠?

なぜ来てくれないのですか。

き

나제 기떼 구레나이노데스까

* なぜ 왜, 어째서

♦ 도저히 모르겠습니다.

どうしてもわかりません。

도-시떼모 와까리마셍

* どうしても 도저히, 아무리해도

♦ 왜 이렇게 된 겁니까?

なぜこうなったのですか。

나제 고-낫따노데스까

상대방이 생각나지 않을 때

しつれいですが、
あなたは…?
실례합니다만, 당신은...

A どこかでお会いしたような気がしますが。

도꼬까데 오아이시따요-나 기가 시마스가

B 私もあなたに見覚えがあります。

와따시모 아나따니 미오보에가 아리마스

A あっ、そうだ、ホンさんでしょう。

앗   소-다   혼산데쇼-

B ええ、あっ、私も思い出しました。木村さん
です ね。

에-   앗   와따시모 오모이다시마시다   기무라산데스네

A : 어디선가 뵌 것 같은데요.

B : 저도 당신을 본 기억이 있습니다.

A : 앗, 그래, 홍씨이죠?

B : 예, 앗, 저도 생각났습니다. 기무라 씨죠?

◆ 당신을 본 기억이 있는데요.

あなたに見覚えがあるのですが。

아나따니 미오보에가 아루노데스가

*見覚え 전에 봐서 알고 있음. 본 기억

◆ 저를 본 기억이 있으세요?

私に見覚えがありますか。

와따시니 미오보에가 아리마스까

◆ 언젠가 뵌 듯한 느낌이 듭니다만.

いつかお会いしたような気がしますが。

이쯔까 오아이시따요-나 기가 시마스가

*お会いする는 会う(만나다)의 존경표현이다.

◆ 어디선가 뵌 듯한 느낌이 듭니다.

どこかでお目にかかったような気がします。

도꼬까데 오메니카깟따요-나 기가 시마스

*~ような気がする ~듯한 느낌(기분)이 들다

◆ 실례합니다만, 저는 당신을 알고 있는 듯한 느낌이 듭니다.

失礼ですが、私はあなたを知っているような気がします。

시쯔레-데스가 와따시와 아나따오 싯떼 이루요-나 기가 시마스

◆ 지난해 여름 도쿄에서 뵌 듯한 기억이 있습니다.

去年の夏、東京でお会いしたように覚えております。

쿄넨노 나쯔 도-꾜-데 오아이시따요-니 오보에떼 오리마스

26 상황이 안 좋을 때

きょうはすこしおかしい。
오늘 조금 이상해.

A 今日はいったいどうしたんですか。
きょう
쿄-와 잇따이 도-시딴데스까

B 今日はちょっとおかしいんですよ。
きょう
쿄-와 춋또 오까시인데스요

A 疲れたんじゃないですか。
つか
쓰까레딴쟈 나이데스까

B 朝からうまくいかないんです。
あさ
아사까라 우마꾸 이까나인데스

A : 오늘 도대체 어찌 된 겁니까?

B : 오늘은 좀 이상해요.

A : 피곤한 거 아녜요?

B : 아침부터 잘 안 됩니다.

♦ 아무래도 오늘은 좀 이상해요.

どうもきょうは少しおかしいです。

도-모 쿄-와 스꼬시 오까시-데스

* どうも 아무리 해도. 도무지. 어쩐지

♦ 오늘은 여느 때와는 다른 것 같습니다.

きょうはいつもと違うようです。

쿄-와 이쯔모또 치가우요-데스

♦ 오늘은 좀 상기되어 있는 것 같아.

きょうはちょっとあがっているようだ。

쿄-와 춋또 아갓떼 이루요-다

* あがる 상기되다. 흥분하다

♦ 오늘 도대체 왜 이러지.

きょうはいったいどうしたんだろう。

쿄-와 잇따이 도-시딴다로-

♦ 오늘은 아무래도 잘 안돼.

きょうはどうもうまくいかない。

쿄-와 도-모 우마꾸 이까나이

♦ 당신, 오늘 좀 이상한 것 같아요.

あなた、今日ちょっと変わっているようです。

아나따　　　쿄- 춋또 가왓떼 이루요-데스.

27 길을 물어볼 때

つきあたりです。
막다른 길입니다.

A 駅からお宅へはどう行くのですか。

에끼까라 오따꾸에와 도- 이꾸노데스까

B 改札口を出て、坂を登った突き当りです。

카이사쯔쿠찌오 데떼　사까오 노봇따 쓰끼아따리데스

A 近くに目印になるところがありますか。

치까꾸니 메지루시니 나루 도꼬로가 아리마스까

B 小さな公園があります。

치-사나 코-엥가 아리마스

A : 역에서 댁은 어떻게 갑니까?

B : 개찰구를 나와 언덕을 오르면 막다른 곳에 있습니다.

A : 근처에 표시가 될 만한 곳이 있습니까?

B : 작은 공원이 있습니다.

164

♦ 제가 안내할게요. 따라오세요.

私が案内しましょう。ついて来てください。

와따시가 안나이시마쇼- 쓰이떼 기떼 쿠다사이

♦ 제가 지도를 그려드릴게요.

私が地図を書いてあげましょう。

와따시가 치즈오 가이떼 아게마쇼-

* ~てあげる (자신이 상대에게) ~해드리다

♦ 저 신호 바로 앞입니다.

あの信号の手前です。

아노 싱고-노 테마에데스

* 手前 자기 앞. 자기에 가까운 곳. 이쪽

♦ 저 빌딩 옆입니다.

あのビルの側です。

아노 비루노 소바데스

♦ 오른쪽으로 돌아서 곧장 가면 있습니다.

右に曲がって、まっすぐ行ったところです。

미기니 마갓떼 맛스구 잇따 도꼬로데스

* 右/左(ひだり)に曲がる 오른쪽/왼쪽으로 돌다, 우/좌회전하다

♦ 큰 길로 두 번째 교차로까지 가서 왼쪽으로 돌면 나옵니다.

大通りを二つ目の交差点まで行って、左に曲がったところです。

오-도-리오 후따쯔메노 코-사뗌마데 잇떼 히다리니 마갓따 도꼬로데스

165

あそこでのります.
저기서 탑니다.

A　お尋ねします。電車でチュンチョンへ行けますか。
오따즈네시마스　　　덴 샤데 츈쵼에 이께마스까

B　電車はチュンチョンには行きません。
덴 샤와 츈쵼니와 이끼마셍

A　では、何に乗るのですか。
데와　　나니니 노루노데스까

B　バスです。バス停まで連れて行ってあげましょう。
바스데스　　　바스떼-마데 쓰레떼 잇떼 아게마쇼-

A : 말씀 좀 묻겠습니다. 전철로 춘천에 갈 수 있습니까?

B : 전철은 춘천에는 가지 않습니다.

A : 그럼, 무엇을 탑니까?

B : 버스입니다. 버스정류소까지 데려다 드리지요.

◆ 저와 함께 타세요.

私といっしょに乗ってください。
와따시또 잇쇼니 놋떼 쿠다사이

* ~に乗る ~을(를) 타다. 타는 대상물에는 조사에 를 사용한다.

◆ 전철로도 버스로도 갈 수 있습니다.

電車でもバスでも行けます。
덴샤데모 바스데모 이께마스

* 行ける는 行く(가다)의 가능형이다.

◆ 야마노테선을 타세요.

山手線に乗ってください。
야마노떼센니 놋떼 쿠다사이

◆ 신주쿠역을 경유하는 버스는 모두 거기까지 갑니다.

新宿駅を経由するバスはみなそこまで行きます。
신쥬꾸에끼오 케-유스루 바스와 미나 소꼬마데 이끼마스

◆ 두 번째 역에서 갈아탑니다.

二つ目の駅で乗り換えます。
후따쯔메노 에끼데 노리까에마스

* 乗り換える 갈아타다. 환승하다

◆ 우에노 공원에 가면 버스를 탈 수 있습니다.

上野公園に行けばバスに乗れます。
우에노코-엔니 이께바 바스니 노레마스

* 乗れる는 乗る(타다)의 가능형이다.

いそぎますので。
급해서요.

A ちょっと相談したいことがありますが。
촛또 소-단시따이 고또가 아리마스가

B ごめんなさい。今急ぎの用事で、すぐ出かけなければならないんです。
고멘나사이 이마 이소기노 요-지데 스구 데까께나께레바 나라나인데스

A じゃ、また今度にしましょう。
쟈 마따 곤도니 시마쇼-

B そうですね。夜にお電話をください。
소-데스네 요루니 오뎅와오 쿠다사이

A : 잠시 의논할 게 있는데요.

B : 미안합니다. 급한 용무가 있어 금방 나가야 합니다.

A : 그럼, 다음에 하죠.

B : 그래요. 밤에 전화 주십시오.

♦ 급한 일이 있어서요.

急いでおりますので。

이소이데 오리마스노데

* 진행이나 상태를 나타내는 ~て(で)おる는 ~て(で)いる의 겸양표현이다.

♦ 죄송합니다, 급하게 적어야 할 게 있습니다.

すみません、急ぎの書き物があるんです。

스미마셍　　　　　　이소기노 가끼모노가 아룬데스

* 동사의 ます형에 物가 접복하면 「~하는 것」이라는 뜻의 명사를 만든다.

♦ 미안합니다, 급해서요, 먼저 실례할게요.

すみません、急いでいますので、お先に失礼します。

스미마셍 이소이데 이마스노데 오사끼니 시쯔레－시마스

♦ 6시에 볼일이 있어서 먼저 실례할게요.

6時.に用事がありますのでお先に失礼します。

로꾸지니 요－지가 아리마스노데 오사끼니 시쯔레－시마스

♦ 급한 일이 있어서 가볼게요.

急用がありますので、失礼します。

큐－요－가 아리마스노데　　　　　시쯔레－시마스

♦ 7시에 약속이 있어서 실례하겠습니다.

7時に約束がありますので、失礼させていただきます。

시찌지니 약소꾸가 아리마스노데 시쯔레－사세떼 이따다끼마스

* ~させていただきます는 자신의 의지를 상대방에게 허락을 받아서 한다는 뉘앙스가 있다.

どうぞ、こちらへ。
이쪽으로 오세요!

A　ソウルのホンギルドンです。岡田部長と3時にお会いすることになっておりますが。

소우루노 홍기루돈데스　오까다 부쬬-또 산지니 오아이스루 고또니 낫떼 오리마스가

B　はい、お待ちしておりました。

하이　오마찌시떼 오리마시다

A　遅くなって申し訳ございません。

오소꾸낫떼 모-시와께 고자이마셍

B　いいえ、部長室へご案内いたします。どうぞ、こちらへ。

이-에 부쬬-시쯔에 고안나이 이따시마스　도-조 고찌라에

A : 서울에서 온 홍길동입니다. 오카다 부장님과 3시에 뵙기로 되어 있습니다만.

B : 네, 기다리고 있었습니다.

A : 늦어서 죄송합니다.

B : 아니오, 부장실로 안내해 드리겠습니다. 자, 이쪽으로 오시죠.

◆ 안으로 들어오세요.

中へどうぞ。
なか

나까에 도-조

* 일본에서 どうぞ와 どうも 만 알고 있어도 생활하는 데 큰 불편이 없다고 할 정도로 많이 쓰이는 말이므로 상황에 따라 적절하게 쓰는 방법을 익혀두자.

◆ 자, 따라오세요.

どうぞ、ついて来てください。
き

도-조　　　쓰이떼 기떼 쿠다사이

◆ 자, 응접실로 들어오십시오.

どうぞ応接間へお入りください。
おうせつ ま　　　はい

도-조 오-세쯔마에 오하이리 쿠다사이

* お入りください는 入ってください의 존경표현이다.

◆ 안내해 드리지요.

ご案内いたしましょう。
あんない

고안나이 이따시마쇼-

* いたす는 する(하다)의 겸양어이다.

◆ 책임자한테 모셔다 드리겠습니다. 가시죠.

責任者のところへお連れします。どうぞ。
せきにんしゃ　　　　　　　　つ

세낀닌샤노 도꼬로에 오쓰레시마스　　　　　　도-조

◆ 따라오세요. 안내해 드리겠습니다.

ついて来てください。ご案内します。
き　　　　　　　あんない

쓰이떼 기떼 쿠다사이　　　고안나이시마스

* 한자어 동사인 경우에는 접두어 ご를 접속한다.

31

다른 사람이 부를 때

すぐいきます。
바로 갈게요.

A いつ来るんですか。
이쯔 구룬데스까

B すぐ行きます。
스구 이끼마스

A じゃ、待っています。
쟈   맛떼 이마스

B はい、いますぐ行きます。
하이   이마 스구 이끼마스

A : 언제 옵니까?

B : 금방 갈게요.

A : 그럼, 기다리고 있을게요.

B : 네, 지금 바로 갈게요.

◆ 네, 지금 곧 갑니다.

はい、今すぐ行きます。
하이　　이마 스구 이끼마스

◆ 먼저 시작하세요. 곧 갈게요.

先に始めてください。すぐ行きます。
사끼니 하지메떼 쿠다사이　　　　스구 이끼마스

◆ 나를 기다리지 마세요. 좀더 하고 갈게요.

私を待たないでください。もう少しして行きます。
와따시오 마따나이데 쿠다사이　　　　모- 스꼬시 시떼 이끼마스

* ~ないでください ~하지 마세요. 금지의 요구를 나타낸다.

◆ 방을 치우면 곧장 갈게요.

部屋を片づけたら、すぐ行きます。
헤야오 카따즈께따라　　　　스구 이끼마스

* ~たら는 가정의 조건을 나타낸다.

◆ 편지가 도착하면 곧장 가지고 올게요.

手紙が届いたら、すぐ持って来ます。
데가미가 토도이따라　　　　스구 못떼 기마스

◆ 모두 기다리고 있으니까 일이 끝나는 대로 곧장 오세요.

みんなで待ってますから、仕事が終わりしだいすぐ来てください。
민나데 맛떼마스까라 시고또가 오와리시다이 스구 기떼 쿠다사이

* しだい는 주로 동사의 ます형에 접속하여 「~하면 바로, 되어가는 대로」의 뜻을 나타낸다.

173

32

이미 충분함을 표현할 때

もうじゅうぶんです。
많이 먹었습니다.

A 料理をあまり召し上がってませんね。

료-리오 아마리 메시아갓떼마센네

B ずいぶん食べましたよ。

즈이분 다베마시따요

A もう少しどうぞ。

모- 스꼬시 도-조

B もうだめです。食べすぎました。

모- 다메데스   다베스기마시다

A : 요리를 별로 안 드시는군요.

B : 많이 먹었습니다.

A : 좀더 드세요.

B : 이제 안 됩니다. 너무 많이 먹었습니다.

174

♦ 배불리 먹었습니다.

おなかいっぱいいただきました。

오나까 입빠이 이따다끼마시다

* おなかがいっぱいだ 배가 부르다 ↔ おなかがすく 배가 고프다

♦ 충분히 많이 먹었습니다.

ずいぶんたくさん食べました。

즈이분 닥산 다베마시다

* たくさん은「많이」의 뜻을 나타내는 부사어로 발음할 때는 く가 묵음이 되어「닥상」
  으로 발음한다.

♦ 이제 충분합니다.

もう十分です。

모- 쥬-분데스

♦ 차도 음식도 충분히 먹었습니다.

お茶も料理も十分いただきました。

오쨔모 료-리모 쥬-붕 이따다끼마시다

* いただく는 もらう(받다)의 겸양어이다.

♦ 이제 더 이상 먹을 수 없습니다.

もうこれ以上食べられません。

모- 고레 이죠- 다베라레마셍

* 상1단·하1단동사의 명령형은 어미 る를 られる로 바꾸면 된다.

♦ 충분히 먹었습니다. 이제 됐습니다.

ずいぶんいただきました。もうけっこうです。

즈이붕 이따다끼마시다   모- 겍꼬-데스

* けっこう (사양의 뜻으로) 충분함. 괜찮음

33 주의를 환기 시킬 때

きをつけて。
조심하세요.

A 気をつけて行ってください。
기오 쓰께떼 잇떼 쿠다사이

B はい、大丈夫です。
하이   다이죠-부데스

A あ、そこが汚れています。踏まないように。
아 소꼬가 요고레떼 이마스   후마나이요-니

B ほんとうだ。もう少しで踏むところでした。
혼또-다   모- 스꼬시데 후무 도꼬로데시다

A : 조심해서 가세요.

B : 네, 괜찮습니다.

A : 아, 거기가 더럽네요. 밟지 않도록 하세요.

B : 정말이네. 하마터면 밟을 뻔 했습니다.

♦ 발밑을 조심하세요.

足下に気をつけてください。
아시모또니 기오 쓰께떼 쿠다사이

♦ 길이 미끄러우니 조심하세요.

道が滑りますから、気をつけてください。
미찌가 스베리마스까라　　　　　기오 쓰께떼 쿠다사이

* からは 활용어에 접속하여 주관적인 원인이나 이유를 나타낸다.

♦ 어두워지니 조심하세요.

暗くなりますから、気をつけてください。
구라꾸 나리마스까라　　　　　기오 쓰께떼 쿠다사이

♦ 길이 나쁩니다. 넘어지지 않도록 조심하세요.

道が悪いです。転ばないように気をつけてください。
미찌가 와루이데스 고로바나이요-니 기오 쓰께떼 쿠다사이

* ~ないように ~하지 않도록

♦ 부딪치지 않도록 조심하세요.

ぶつからないように気をつけてください。
부쓰까라나이요-니 기오 쓰께떼 쿠다사이

* ぶつかる 부딪치다. 맞부딪치다.

♦ 더우니 몸조심해야 합니다.

暑いから体に気をつけなければなりません。
아쯔이까라 가라다니 기오 쓰께나께레바 나리마셍

* ~なければなりません ~하지 않으면 안 됩니다. ~해야 한다

34 중요한 일을 잊었을 때

すみません、
わすれました。
죄송해요, 잊었어요.

A あの本を持ってきましたか。
　ほん　　　も
아노 홍오 못떼 기마시따까

B しまった、忘れました。
　　　　　わす
시맛따　　　와스레마시다

A じゃ、もういいですよ。
쟈　　모ー 이ー데스요

B いいえ、いいえ、あした必ず持ってきます。
　　　　　　　　　　　かなら　も
이ー에　　이ー에　　아시따 가나라즈 못떼 기마스

A : 그 책을 가지고 왔습니까?

B : 아차, 잊었습니다.

A : 그럼, 이제 됐어요.

B : 아니, 아니, 내일 꼭 갖고 올게요.

178

♦ 그 일은 기억하고 있지 않습니다.

そのことは覚ぼえていません。
소노 고또와 오보에떼 이마셍

♦ 그 일은 기억에 없습니다.

そのことは記憶にありません。
소노 고또와 기오꾸니 아리마셍

♦ 그 일은 깡그리 잊고 있었습니다.

そのことはすっかり忘れていました。
소노 고또와 슥까리 와스레떼 이마시다

* すっかり 완전히. 죄다. 모두

♦ 그에게 전하는 것을 잊고 있었습니다.

彼に伝えるのを忘れていました。
카레니 쓰따에루노오 와스레떼 이마시다

♦ 아뿔싸, 생각이 안 납니다.

困った、思い出しません。
고맛따   오모이다시마셍

♦ 미안합니다, 전하는 말씀을 잊어버렸습니다.

すみません、お言付けのことを忘れてしまいました。
스미마셍 오코또즈께노 고또오 와스레떼 시마이마시다

* ～てしまうは「～해버리다, ～하고 말다」의 뜻으로 동작이나 행위의 완료를 나타낸다.

35 능력이 안 됨을 나타낼 때

わたしはできません。
저는 못해요.

A **たばこをどうぞ。**
다바꼬오 도-조

B **すみません。私は吸えないんです。**
스미마셍　　　와따시와 스에나인데스

A **では、コーヒーはどうですか。**
데와　　코-히-와 도-데스까

B **はい、お願いいたします。**
하이　　오네가이 이따시마스

A : 담배 피우시겠어요?

B : 미안합니다. 저는 못 피웁니다.

A : 그럼, 커피는 어떠세요?

B : 네, 주세요.

♦ 조금도 못합니다.

少しもできません。

스꼬시모 데끼마셍

* できる는 する(하다)의 가능동사이다.

♦ 담배는 못 피웁니다.

たばこは吸えません。

다바꼬와 스에마셍

* 5단동사의 어미가 う로 끝나는 동사를 える 바꾸면 가능형이 된다.

♦ 독한 술은 못 마십니다.

強い酒は飲めません。

쓰요이 사께와 노메마셍

* 5단동사의 어미가 む로 끝나는 동사를 める 바꾸면 가능형이 된다.

♦ 저는 그다지 일본어를 하지 못합니다.

私はあまり日本語が話せません。

와따시와 아마리 니홍고가 하나세마셍

* 5단동사의 어미가 す로 끝나는 동사를 せる 바꾸면 가능형이 된다.

♦ 마작은 전혀 못합니다.

マージャンは全然できません。

마-쟝와 젠젠 데끼마셍

* 변격동사 する는 가능동사 できる가 있으므로 가능형을 만들 수 없다.

♦ 일본 노래는 조금 부릅니다.

日本の歌は少し歌えます。

니혼노 우따와 스꼬시 우따에마스

わかりません。
모르겠어요.

A あなたは中国語がわかりますか。
アナ따와 츄-고꾸고가 와까리마스까

B わかりません、ホンさんならわかります。
와까리마셍   혼산나라 와까리마스

A ホンさんはどこにおりますか。
혼상와 도꼬니 오리마스까

B 知りません。キムさんに聞いてください。
시리마셍   기무산니 기이떼 쿠다사이

A : 당신은 중국어를 압니까?

B : 모릅니다. 홍씨라면 알 겁니다.

A : 홍씨는 어디에 계십니까?

B : 모릅니다. 김씨에게 물으세요.

♦ 잘 모르겠습니다.

よくわかりません。
요꾸 와까리마셍

♦ 말씀하시는 것을 모르겠습니다.

おっしゃることがわかりません。
옷샤루 고또가 와까리마셍

♦ 절반 정도 알았습니다.

半分ぐらいわかりました。
함붕구라이 와까리마시다

* ぐらい 정도. 쯤

♦ 조금밖에 모르겠습니다.

少ししかわかりません。
스꼬시시까 와까리마셍

* ~しか ~밖에

♦ 전혀 모르겠습니다.

全然わかりません。
젠젱 와까리마셍

♦ 아직 좀 확실하지 않는 게 있습니다.

まだ少しはっきりしないところがあります。
마다 스꼬시 학끼리시나이 도꼬로가 아리마스

わかりました。
알겠습니다.

A <ruby>私<rt>わたし</rt></ruby>の<ruby>言<rt>い</rt></ruby>うことはわかりましたか。
와따시노 이우 고또와 와까리마시다까

B わかりました。
와까리마시다

A じゃ、お<ruby>手数<rt>て すう</rt></ruby>をおかけします。
쟈　　　오떼스―오 오까께시마스

B はい、<ruby>私<rt>わたし</rt></ruby>が<ruby>彼女<rt>かのじょ</rt></ruby>に<ruby>話<rt>はな</rt></ruby>しておきます。
하이　　와따시가 가노쬬니 하나시떼 오끼마스

A : 제가 말하는 것을 알겠습니까?

B : 알았습니다.

A : 그럼, 수고 좀 해주세요.

B : 네, 제가 그녀에게 말해두겠습니다.

♦ 거의 알았습니다.

ほとんどわかりました。
호똔도 와까리마시다

* ほとんど 거의. 대개. 대부분

♦ 알겠습니다. 내일 반드시 가겠습니다.

わかりました。あす必ず行きます。
와까리마시다　　　아스 가나라즈 이끼마스

* 必ず 반드시. 꼭. 기필코. 뒤에 부정가 오면 必ずしも 를 사용한다.

♦ 이만하면 대충 알겠습니다.

これで大体わかりました。
고레데 다이따이 와까리마시다

♦ 알겠습니다. 그와 의논할게요.

わかりました。彼と相談します。
와까리마시다　　　카레또 소-단시마스

♦ 어쩐지 알겠습니다.

何となくわかります。
난또나꾸 와까리마스

* 何となく　어딘지 모르게. 어쩐지

♦ 충분히 알겠습니다.

十分に了解しました。
쥬-분니 료-까이시마시다

* 了解 양해함. 깨달음. 납득함. 이해함. 승인함

38 사과의 메시지를 전할 때

すみません。
죄송합니다.

A　申^{もう}し訳^{わけ}ありません。遅^{おく}れてしまいました。
　　모-시와께 아리마셍　　　오꾸레떼 시마이마시다

B　いいえ、かまいません。
　　이-에　　　가마이마셍

A　ずいぶんお待^またせして、恐縮^{きょうしゅく}です。
　　즈이붕 오마따세시떼　　　쿄-슈꾸데스

B　いいえ、いいえ、私^{わたし}も今^{いま}来^きたばかりです。
　　이-에　　　이-에　　　와따시모 이마 기따 바까리데스

　　A : 죄송합니다. 늦고 말았습니다.

　　B : 아니오, 괜찮습니다.

　　A : 너무 기다리게 해서 죄송합니다.

　　B : 아니오, 저도 방금 왔습니다.

◆ 정말로 죄송합니다, 잊고 있었습니다.

ほんとうに申し訳ありません、忘れていました。
혼또-니 모-시와께 아리마셍　　　와스레떼 이마시다

*申し訳ありません을 더욱 공손하게 표현할 때는 申し訳ございません이라고 한다.

◆ 죄송합니다. 저는 갈 수 없습니다.

申し訳ありません、私は行けません。
모-시와께 아리마셍　　　와따시와 이께마셍

◆ 죄송합니다, 급한 일이 생겨서 갈 수가 없습니다.

申し訳ありません、急用ができて、行くことが
できません。
모-시와께 아리마셍　큐-요가 데끼떼　이꾸 고또가 데끼마셍

* 동사의 기본형에 ことができる를 접속하면 「~할 수(가) 있다」의 뜻으로 가능표현이 된다.

◆ 미안합니다. 정말로 안 됩니다.

すみません、ほんとうにだめなんです。
스미마셍　　　　혼또-니 다메난데스

◆ 실수했습니다. 죄송합니다.

間違えました、申し訳ありません。
마찌가에마시다　　　모-시와께 아리마셍

◆ 몇 차례 시도했습니다만, 도저히 할 수 없습니다. 죄송합니다.

何回も試しましたが、どうしてもできません。
申し訳ありません。
낭까이모 다메시마시따가 도-시떼모 데끼마셍　모-시와께 아리마셍

* どうしても 어떻게 하려고 해도, 도저히

39 의견을 제시할 때

いけんがあります。
의견이 있습니다.

A ちょっとご相談したい問題があるのですが。
<ruby>相談<rt>そうだん</rt></ruby> <ruby>問題<rt>もんだい</rt></ruby>
춋또 고소-단시따이 몬다이가 아루노데스가

B どんなことでしょうか。
돈나 고또데쇼-까

A この書類は少し直せないでしょうか。
<ruby>書類<rt>しょるい</rt></ruby> <ruby>少<rt>すこ</rt></ruby> <ruby>直<rt>なお</rt></ruby>
고노 쇼루이와 스꼬시 나오세나이데쇼-까

B そうですか。どこをですか。
소-데스까   도꼬오데스까

A : 잠시 의논드리고 싶은 문제가 있는데요.

B : 어떤 일입니까?

A : 이 서류를 좀 고칠 수 없을까요?

B : 그래요? 어디를 말입니까?

188

◆ 이 문제는 재고해 주실 수 없을까요?

この問題は再考願えないでしょうか。
고노 몬다이와 사이꼬- 네가에나이데쇼-까

* 願える는 願う(바라다. 원하다)의 가능형이다.

◆ 의견을 말씀드리겠습니다.

意見を述べさせていただきます。
이껭오 노베사세떼 이따다끼마스

◆ 이 견해는 다시 한 번 생각할 필요가 있을 것 같습니다.

この見方はもう一度考える必要があると思います。
고노 미까따와 모- 이찌도 강가에루 히쯔요-가 아루또 오모이마스

* 見方 보는 태도. 보는 방법. 견해, 생각

◆ 여기 글자는 고칠 수 없을까요?

ここの文字は直せないでしょうか。
고꼬노 모지와 나오세나이데쇼-까

* 直せる는 直す(고치다)의 가능형이다.

◆ 당신에게 잠깐 말해두고 싶은 게 있습니다.

あなたにちょっと話しておきたいことがあります。
아나따니 촛또 하나시떼 오끼따이 고또가 아리마스

* ~ておく ~해두다. ~해놓다

◆ 제 견해를 말씀드리고자 합니다.

私の見方を述べたいと思います。
와따시노 미까따오 노베따이또 오모이마스

ほんとうにあついですね。
정말 덥군요!

A ほんとうに暑いですね。

혼또–니 아쯔이데스네

B そうですね、今日はどうしてこんなに暑いでしょう。

소–데스네　　　쿄–와 도–시떼 곤나니 아쯔이데쇼–

A 冷房のきいた喫茶店に行きましょう。

레–보–노 기이따 깃사뗀니 이끼마쇼–

B いい考えですね。

이– 강가에데스네

A : 정말 덥군요.

B : 그렇군요. 오늘은 왜 이리 덥죠?

A : 냉방이 잘된 다방에 갑시다.

B : 좋은 생각이군요.

♦ 날씨가 좋군요.

いいお天気ですね。
이- 오텡끼데스네

＊天気 날씨

♦ 덥군요.

暑いですね。
아쯔이데스네

＊暑い 덥다 | 涼(すず)しい 시원하다 | 寒(さむ)い 춥다 | 暖(あたた)かい 따뜻하다

♦ 시원해서 기분이 좋군요.

涼しくて気持ちがいいですね。
스즈시꾸떼 기모찌가 이-데스네

♦ 내일 일기예보는 어때요?

明日の天気予報はどうですか。
아스노 뎅끼요호-와 도-데스까

＊天気予報 일기예보

♦ 내일은 맑겠습니다.

明日は晴れるでしょう。
아스와 하레루데쇼-

＊晴れる 맑다 ↔ 曇(くも)る 흐리다

♦ 비가 내릴 것 같군요.

雨が降りそうですね。
아메가 후리소-데스네

＊雨が降る 비가 내리다 ↔ 雨が止(や)む 비가 그치다

41 컨디션이 좋지 않을 때

きぶんがわるい。
몸이 안 좋아.

A **少し気分が悪いんです。**
스꼬시 기붕가 와루인데스

B **どこが悪いのですか。**
도꼬가 와루이노데스까

A **少し頭痛がして、熱があるようです。**
스꼬시 즈쓰ー가 시떼   네쯔가 아루요ー데스

B **おそらく風邪でしょう。早く薬を飲みなさいよ。**
오소라꾸 카제데쇼ー   하야꾸 구스리오 노미나사이요

A : 몸이 좀 안 좋습니다.

B : 어디가 안 좋습니까?

A : 약간 두통이 있고 열이 있는 것 같습니다.

B : 아마 감기일 겁니다. 빨리 약을 먹으세요.

192

♦ 배가 아픕니다.

おなかの具合が悪いんです。

오나까노 구아이가 와루인데스

*具合が悪い 몸 상태 좋지 않다. 몸이 아프다. 컨디션이 안 좋다

♦ 몸이 나른합니다.

体がだるいです。

가라다가 다루이데스

♦ 몸 여기저기가 아픕니다.

体のふしぶしが痛いです。

가라다노 후시부시가 이따이데스

*ふすぶし (뼈의) 마디마디

♦ 한기가 듭니다.

寒気がします。

사무께가 시마스

*寒気がする 한기가 들다. 오한이 나다

♦ 배가 아파서 병원에 다녀오겠습니다.

おなかの具合が悪いので病院に行ってきます。

오나까노 구아이가 와루이노데 뵤-인니 잇떼 기마스

♦ 오늘 감기가 들어 컨디션이 안 좋습니다.

きょう、風邪を引いて気分がすぐれません。

쿄-　　　　카제오 히이떼 기붕가 스구레마셍

*気分がすぐれない (기분·건강·날씨 등이) 여느 때만 못하다. 좋은 상태에 있지
않다

42 음식 맛이 좋을 때

おいしい！
맛있다!

A **お口に合いますか。**
くち あ
오쿠찌니 아이마스까

B **おいしいです。私の口によく合います。**
わたし くち あ
오이시-데스　　　와따시노 구찌니 요꾸 아이마스

A **この魚のスープはいかがでしょうか。**
さかな
고노 사까나노 스-뿌와 이까가데쇼-까

B **味は格別です。**
あじ かくべつ
아지와 카꾸베쯔데스

A : 입에 맞습니까?

B : 맛있습니다. 제 입에 잘 맞습니다.

A : 이 생선수프는 어떤가요?

B : 맛이 각별합니다.

♦ 정말로 맛있어요.

ほんとうにおいしいです。

혼또-니 오이시-데스

* 맛을 표현하는 형용사로는 おいしい와 うまい 가 있다. うまい는 주로 남성들이 쓰며, 「솜씨가 좋다」 등의 뜻으로도 쓰인다.

♦ 맛이 무척 좋네요.

とてもいい味です。

도떼모 이- 아지데스

*味をあう 맛을 보다

♦ 이렇게 맛있는 것은 처음입니다.

こんなにおいしいものは初めてです。

곤나니 오이시- 모노와 하지메떼데스

♦ 이 수프 맛은 또한 각별합니다.

このスープの味はまた格別です。

고노 스-뿌노 아지와 마따 카꾸베쯔데스

*格別だ 각별하다. 특이하다

♦ 이건 뭐라고 말할 수 없는 맛이군요.

これは何とも言えない味ですね。

고레와 난또모 이에나이 아지데스네

♦ 이 고기만두는 맛있어 보이네요.

この肉まんじゅうはおいしそうです。

고노 니꾸만쥬-와 오이시소-데스

* 형용사의 어간에 양태를 나타내는 そうだ를 접속하면 「그러한 상태로 보이다」는 뜻을 나타낸다.

43. 호의를 받아드릴 때

それでは、えんりょなく。
그렇다면 사양하지 않겠습니다.

A 今夜はほんとうに気持ちよく飲みました。
공야와 혼또-니 기모찌요꾸 노미마시다

B もう遅いですから、そろそろお休みにならなくては。
모- 오소이데스까라   소로소로 오야스미니 나라나꾸떼와

A めったにお見えにならないんだから、もう少しやり
ましょうよ。
멧따니 오미에니 나라나인다까라 모- 스꼬시 야리마쇼-요

B じゃ、お言葉にあまえさせていただきましょう。
쟈   오코또바니 아마에 사세떼 이따다끼마쇼-

A : 오늘밤 정말로 기분 좋게 마셨습니다.

B : 이제 늦었으니 슬슬 끝내야겠어요.

A : 좀처럼 뵙지 못하니 더 합시다.

B : 그럼 호의를 받아들이지요.

196

◆ 그럼, 신세를 지겠습니다.

では、ご面倒をおかけします。

데와　　　고멘도-오 오카께시마스

＊面倒をかける 폐를 끼치다. 귀찮게 하다

◆ 고맙게 생각하고 신세를 지겠습니다.

お言葉に甘えましてお世話になります。

오코또바니 아마에마시떼 오세와니 나리마스

＊~に甘える (사양하지 않고) 상대편의 호의에 기대다 | お世話になる 신세를 지다

◆ 그럼 부탁드립니다.

それではお頼みします。

소레데와 오따노미시마스

◆ 모처럼이니까 거절하지 않겠습니다.

せっかくですから、お断りしません。

섹까꾸데스까라　　　　　오코또와리시마셍

＊せっかく (흔히 ~の ~だが, ~ですが의 꼴로) 모처럼임. 애써 함. 벼르고 함

◆ 호의를 거절할 수도 없으니 받겠습니다.

ご好意をお断りするわけにもいかないので、ちょうだいいたします。

고코-이오 오코또와리스루 와께니모 이까나이노데 쵸-다이 이따시마스

＊断る 거절하다 | ~わけにもいかない 는 동사의 기본형에 접속하여 「~할 수도 없다」
의 뜻으로 불가능을 나타낸다.

◆ 그럼 고맙게 생각하고 댄스파티에 가겠습니다.

それではご好意に甘えてダンスパーティーに参ります。

소레데와 고코-이니 아마에떼 단스파-띠-니 마이리마스

＊参る 는 いく(가다), くる(오다)의 겸양어이다.

197

44 자신의 책임이 아님을 표현할 때

わたしのせいじゃない。
내 탓이 아냐

A なぜあれを持^もってこなかったのですか。

나제 아레오 못떼 고나깟따노데스까

B それは私^{わたし}の手落^{てお}ちではありません。

소레와 와따시노 데오찌데와 아리마셍

A どうしてですか。

도-시떼데스까

B あなたが持^もってこなくていいと言^いったじゃないで
すか。

아나따가 못떼 고나꾸떼 이-또 잇따쟈 나이데스까

A : 왜 그것을 갖고 오지 않았습니까?

B : 그건 제 실수가 아닙니다.

A : 어째서이죠?

B : 당신이 가지고 오지 않아도 된다고 말했잖습니까?

♦ 이건 제 탓이 아닙니다.

これは私のせいではありません。

고레와 와따시노 세-데와 아리마셍

*せい 탓. 원인. 이유 | せいにする 탓으로 돌리다

♦ 이것은 저와는 상관이 없습니다.

このことは私とは関係がありません。

고노 고또와 와따시또와 강께-가 아리마셍

♦ 이건 제 책임이 아닙니다.

これは私の責任ではありません。

고레와 와따시노 세끼닌데와 아리마셍

♦ 이 일에 대해서는 저는 아무런 책임도 지지 않습니다.

このことについては、私はどんな責任も負いません。

고노 고또니 쓰이떼와 와따시와 돈나 세끼님모 오이마셍

*責任を負う 책임을 지다

♦ 이건 제가 한 것이 아닙니다.

これは私がやったのではありません。

고레와 와따시가 얏따노데와 아리마셍

♦ 확인해 보세요. 저에게는 책임이 없으니까요.

調べてください。私には責任がありませんから。

시라베떼 쿠다사이　　　　와따시니와 세끼닝가 아리마셍까라

けしからん！
괘씸하군!

A この件はまだ解決してくれないんですか。

고노 껭와 마다 카이께쯔시떼 구레나인데스까

B もうすぐです。もうしばらく待ってください。

모- 스구데스　　　　　모- 시바라꾸 맛떼 쿠다사이

A なぜこんなに延ばすのですか。ちょっとまったく怪しか
らんですよ。

나제 곤나니 노바스노데스까　 춋또 맛따꾸 게시까란데스요

B もう一度検討しておきます。きっと解決します。

모- 이찌도 겐또-시떼 오끼마스　　　 깃또 카이께쯔시마스

A : 이 건은 아직 해결해주지 않습니까?

B : 이제 곧 될 겁니다. 조금만 더 기다려 주세요.

A : 왜 이렇게 연기하는 겁니까? 정말 괘씸하군요.

B : 다시 한 번 검토하겠습니다. 꼭 해결하겠습니다.

◆ 그건 안 돼요.

それはいけませんよ。
소레와 이께마셍요

◆ 이건 너무나도 무책임합니다.

これはあまりにも無責任です。
고레와 아마리니모 무세끼닌데스

*あまりにも 너무나도

◆ 그런 짓을 해서는 안 됩니다.

そんなことをしてはいけません。
손나 고또오 시떼와 이께마셍

* ~てはいけない ~해서는 안 된다

◆ 당신들은 책임을 져야 합니다.

あなたがたは責任を負うべきです。
아나따가따와 세끼닝오 오우베끼데스

* ~べきだ는 동사의 기본형에 접속하여 「~해야 한다」는 당연, 의무, 필연을 나타낸다.

◆ 그런 짓을 하면 곤란해요.

そんなことをしたら困ります。
손나 고또오 시따라 고마리마스

◆ 앞으로 조심하세요.

今後気をつけてください。
공고 기오 쓰께떼 쿠다사이

たいしたものですね。
대단하군요.

A ホンさんの論文を読みましたか。
혼산노 롬붕오 요미마시다까

B 読みました。たいしたものですね。
요미마시다　　　다이시따모노데스네

A 私は彼に敬服しています。
와따시와 카레니 케－후꾸시떼 이마스

B 私もそうです。
와따시모 소－데스

A : 홍씨 논문을 읽었습니까?

B : 읽었습니다. 대단하더군요.

A : 나는 그를 공경할 따름입니다.

B : 나도 그렇습니다.

◆ 감동했습니다.

感動しました。
칸도-시마시다

◆ 정말 감탄했습니다.

ほんとうに感心しました。
혼또-니 칸신시마시다

* 感心する 마음에 깊이 감동되다. 깊이 느끼어 마음이 움직이다

◆ 정말로 공경할 따름입니다.

ほんとうに敬服させられます。
혼또-니 케-후꾸사세라레마스

* ~(さ)せられる는 사역수동으로 자신의 의지와는 상관없이 저절로 이루어짐을 나타낼
  때 쓰인다.

◆ 정말로 감동할 따름입니다.

ほんとうに感動させられます。
혼또-니 간도-사세라레마스

◆ 이 그림의 아름다운 착색에 정말로 감탄했습니다.

この絵の着色の美しさにはほんとうに感心しました。
고노 에노 챠꾸쇼꾸노 우쯔꾸시사니와 혼또-니 간신시마시다

* 美しさ는 형용사 美しい(아름답다)의 명사형으로 さ는 형용사나 형용동사의 어간에
  접속하여 그런 상태나 경향임을 나타내는 명사를 만든다.

◆ 과연 무라카미 선생님 제자이시군요.

さすがに村上先生のお弟子さんですね。
사스가니 무라까미 센세-노 오데시산데스네

ほっとした。
안심이야.

A あの誤解が解けました。
아노 고까이가 도께마시다

B それはよかったですね。
소레와 요깟따데스네

A ご心配をおかけしました。
고심빠이오 오까께시마시다

B いいえ、いいえ、これで私も安心しました。
이-에　　이-에　　고레데 와따시모 안신시마시다

A : 그 오해가 풀렸습니다.

B : 그거 다행이군요.

A : 걱정을 끼쳐드렸습니다.

B : 아뇨, 이제 저도 안심했습니다.

♦ 이제 겨우 안심했습니다.

これでやっと安心しました。

고레데 얏또 안신시마시다

♦ 이제 안심했습니다.

これでほっとしました。

고레데 홋또시마시다

*ほっとする 안심하다. 긴장이 풀려 마음을 놓는 모양을 나타낸다.

♦ 이제 가슴이 후련해졌습니다.

これで胸のつかえが取れました。

고레데 무네노 쓰까에가 도레마시다

*つかえ ① 가슴이 막히고 괴로운 일. 우울증 ② 지장. 고장. 탈

♦ 겨우 한 건이 해결되었습니다.

やっと一件落着です。

얏또 익껜 라꾸쨔꾸데스

*落着 낙착. 일이 끝이 남. 결정됨

♦ 무사하시다는 말씀을 듣고 안심했습니다.

ご無事と聞いてほっとしました。

고부지또 기이떼 홋또시마시다

♦ 성적이 좋아져서 어머니가 안심했습니다.

成績がよくなったのでお母さんは安心しました。

세-세끼가 요꾸낫따노데 오까-상와 안신시마시다

기쁜 소식을 들었을 때

すばらしい!
훌륭해!

A　ほんとうですか。すばらしい知(し)らせですね。
혼또-데스까　　　　　스바라시- 시라세데스네

B　ほんとうにうれしいですね。
혼또-니 우레시-데스네

A　みんなでお祝(いわ)いをしなくちゃ。
민나데 오이와이오 시나꾸쨔

B　そうですとも。
소-데스또모

A : 정말이세요? 멋진 소식이군요.

B : 정말로 기쁘군요.

A : 모두 함께 축하해야겠어요.

B : 그렇고말고요.

♦ 그래요? 정말 기쁩니다.

そうですか。ほんとうにうれしいです。
소−데스까　　　　　혼또−니 우레시−데스

♦ 정말로 기쁜 일이군요.

ほんとうにうれしいことですね。
혼또−니 우레시− 고또데스네

♦ 멋져. 모두 함께 축하해야겠어.

すばらしい。みんなでお祝いしなくちゃ。
스바라시−　　　　　민나데 오이와이 시나꾸쨔

* ～なくちゃは ～なくては의 회화체로 뒤에 いけない, ならない, だめだ 등이 생략
된 형태이다.

♦ 와! 기쁘다.

わー！うれしい。
와−　　　　우레시−

♦ 이건 정말로 경사스런 일이군요.

これはほんとうにめでたいことですね。
고레와 혼또−니 메데따이 고또데스네

* めでたい 경사스럽다. | おめでとう 축하하다

♦ 이거 전망이 멋진데.

これはすてきな眺めだ。
고레와 스떼끼나 나가메다

49 추측을 나타낼 때

そうかもしれませんね。
그럴 거예요.

A 彼女は怒ったんじゃないでしょうか。
かのじょ　おこ
카노죠와 오꼿딴쟈 나이데쇼-까

B 怒りはしないでしょう。
おこ
오꼬리와 시나이데쇼-

A どうも怒ったみたいです。
おこ
도-모 오꼿따미따이데스

B そんなことはないでしょう。
손나 고또와 나이데쇼-

A : 그녀는 화난 게 아닐까요?

B : 화는 나지 않을 거예요.

A : 아무래도 화난 것 같아요.

B : 그런 건 아닐 거예요.

208

◆ 아마 괜찮을 거예요.

おそらく大丈夫でしょう。

오소라꾸 다이죠-부데쇼-

* 大丈夫 염려 없는 일. 확실한 일. 단단하여 부서지지 않는 일

◆ 그는 아마 모를 거예요.

彼はおそらく知らないでしょう。

카레와 오소라꾸 시라나이데쇼-

* おそらく 아마도. 대개

◆ 아마도 잊었을 거예요.

たぶん忘れたでしょう。

다붕 와스레따데쇼-

◆ 내일부터 시작될지도 몰라요.

明日から始まるのかもしれません。

아스까라 하지마루노까모 시레마셍

* ~かもしれない ~일(할)지도 모르다

◆ 그렇게는 되지 않을 거예요.

そうではならないでしょう。

소-데와 나라나이데쇼-

◆ 두 나라의 전쟁은 대충 결말이 날 거예요.

両国の戦争はおおかた決着がつくでしょう。

료-꼬꾸노 센소-와 오-까따 겟쨔꾸가 쓰꾸데쇼-

* 決着がつく 결말이 나다

50 의외의 상황에 부딪혔을 때

> おもいがけない。
> 뜻밖이야.

A 彼がそういうことをするなんて、思いもしませんでした。

카레가 소-이우 고또오 스루난떼 오모이모 시마센데시다

B まさか、ほんとうですか。

마사까 혼또-데스까

A 間違いありません。

마찌가이 아리마셍

B どうしたことなんでしょうねえ。

도-시따 고또난데쇼-네-

A : 그가 그런 짓을 하다니 생각지도 못했습니다.

B : 설마, 정말입니까?

A : 틀림없습니다.

B : 어찌된 일이죠?

♦ 정말로 의외였습니다.

ほんとうに意外でした。
혼또-니 이가이데시따

*意外だ 의외이다. 뜻밖이다

♦ 도대체 어찐 된 일이죠?

一体どうしたことなんでしょう。
잇따이 도-시따 고또난데쇼-

♦ 복권이 당첨됐다고? 정말이세요?

宝くじが当たった。ほんとうですか。
다까라쿠지가 아땃따   혼또-데스까

♦ 설마 그런 일이 있을까요?

まさか、そんなことがあるでしょうか。
마사까   손나 고또가 아루데쇼-까

♦ 설마, 도저히 믿을 수 없어.

まさか、とても信じられない。
마사까   도떼모 신지라레나이

♦ 그걸 들었을 때는 깜짝 놀랐습니다.

それを聞いた時はびっくりしました。
소레오 기이따 도끼와 빅꾸리시마시다

*びっくりする 깜짝 놀라다

211

51. 상대방의 옷차림을 칭찬할 때

きれいですね。
예뻐요.

A その服はすてきですねえ。
ふく
소노 후꾸와 스떼끼데스네-

B そうですか。
소-데스까

A デザインは新しいし、色は上品です。
あたら   いろ じょうひん
데자잉와 아따라시-시   이로와 죠-힌데스

B ほんとうですか、ありがとう。
혼또-데스까   아리가또-

A : 그 옷은 멋지군요.

B : 그렇습니까?

A : 디자인은 새롭고 색은 고급스럽습니다.

B : 정말이세요, 고맙습니다.

◆ 당신 옷은 예쁘군요.

あなたの服はきれいですね。
아나따노 후꾸와 기레-데스네

◆ 당신의 이 양복 옷감은 좋군요.

あなたのこのスーツの生地はいいですね。
아나따노 고노 스-쯔노 키지와 이-데스네

＊スーツ ＝背広(せびろ) 양복

◆ 당신의 겉옷은 모던하군요.

あなたの上着はモダンですね。
아나따노 우와기와 모단데스네

＊上着 겉옷 ↔ 下着(したぎ) 속옷

◆ 당신의 코트 디자인은 좋군요.

あなたのコートのデザインはいいですね。
아나따노 코-또노 데자잉와 이-데스네

◆ 당신의 스커트 색은 옷과 잘 어울리는군요.

あなたのスカートの色は服とよく合いますね。
아나따노 스까-또노 이로와 후꾸또 요꾸 아이마스네

◆ 그 옷은 당신이 입으니 딱 맞습니다.

その服はあなたが着てぴったりです。
소노 후꾸와 아나따가 기떼 삣따리데스

＊ぴったり 잘 어울리는 모습. 매우 잘 들어맞는 모양

52 상대방을 진정시킬 때

おちついて。
진정하세요.

A 子供がまだ帰ってこないんです。
こ ども　　　　　　　かえ
고도모가 마다 가엣떼 고나인데스

B 心配しなくていいですよ。もうすぐ帰ってくるでし
しんぱい　　　　　　　　　　　　　　　　　　　　かえ
ょう。
심빠이시나꾸떼 이-데스요　　모- 스구 가엣떼 구루데쇼-

A 何かあったんじゃないでしょうか。
なに
나니까 앗딴쟈 나이데쇼-까

B そんなことはないですよ。安心していてください。
あんしん
손나 고또와 나이데스요　　　　　안신시떼 이떼 쿠다사이

A : 아이가 아직 안 왔어요.

B : 걱정하지 않아도 돼요. 이제 곧 돌아올 거예요.

A : 무슨 일이 있는 게 아닐까요?

B : 그럴 리가 없어요. 안심하세요.

214

◆ 초조하지 마세요.

焦^{あせ}らないで。

아세라나이데

* ~ないで는 뒤에 요구를 나타내는 ください가 생략된 형태로 회화에서 많이 쓰인다.

◆ 걱정 마세요.

ご心配^{しんぱい}なく。

고심빠이나꾸

◆ 긴장을 푸세요.

リラックスしてください。

리락꾸스시떼 구다사이

*リラックス 릴랙스. 늦춤. 긴장을 풀게 함

◆ 대단한 것은 아니니까 걱정 마세요.

大^{たい}したことはないから心配^{しんぱい}しないで。

다이시따 고또와 나이까라 심빠이시나이데

◆ 마음을 좀 진정해요.

少^{すこ}し気^きを静^{しず}めなさいよ。

스꼬시 기오 시즈메나사이요

*気を静める 마음을 가라앉히다. 진정하다

◆ 상사와 면접을 볼 때는 얼지 말아요.

ボスと面接^{めんせつ}の時^{とき}は堅^{かた}くならないで。

보스또 멘세쯔노 도끼와 가따꾸 나라나이데

*ボス 우두머리. 윗사람. 상사

53 상대를 위로할 때

> がっかりしないで！
> 낙심하지 마세요!

A 過ぎたことは忘れましょうよ。
　　스기따 고또와 와스레마쇼-요

B わかっているんですが、辛いんです。
　　와깟떼 이룬데스가　　　　　　쓰라인데스

A いつまでもくよくよしていても仕方ありませんよ。
　　이쯔마데모 구요꾸요시떼 이떼모 시까따 아리마셍요

B そうですね。
　　소-데스네

A : 지난 일은 잊어버립시다.

B : 알고 있지만 괴롭습니다.

A : 언제까지 걱정한다고 해도 어쩔 수 없어요.

B : 그렇군요.

♦ 실망할 필요는 없어요.

がっかりすることはありませんよ。

각까리스루 고또와 아리마센요

* がっかりする 실망하다. 낙심하다 | ~ことはない ~할 필요는 없다

♦ 슬퍼하지 마세요.

悲しまないでください。

가나시마나이데 쿠다사이

♦ 힘을 내요, 그 일은 이제 생각하지 말고.

元気を出して、そのことはもう考えないで。

겡끼오 다시떼   소노 고또와 모- 강가에나이데

♦ 기분은 잘 알겠습니다.

お気持ちはよくわかります。

오키모찌와 요꾸 와까리마스

♦ 낙담해서는 안 됩니다. 마음을 굳게 먹어요!

気を落としてはいけません。しっかりして！

기오 오또시떼와 이께마셍   식까리시떼

* ~てはいけない ~해서는 안 된다

♦ 귀중한 것을 잃어버려 정말로 아깝겠군요.

貴重なものをなくして、本当に惜しいですね。

기쬬-나 모노오 나꾸시떼   혼또-니 오시-데스네

がんばって!
힘내요!

A **あーあ、ほんとうに難しい。**
아-아　　　혼또-니 무즈까시-

B **弱音を吐かないで、元気を出して。**
요와네오 하까나이데　　　겡끼오 다시떼

A **いつになったら、できあがるのでしょう。**
이쯔니 낫따라　　　데끼아가루데쇼-

B **もう少し頑張ったら、できますよ。**
모- 스꼬시 감밧따라　　　데끼마스요

A : 아, 정말로 어렵다.

B : 약한 소리 말고 힘내요.

A : 언제쯤이면 완성될까요?

B : 좀 더 분발하면 될 거예요.

♦ 확실히 하세요.

しっかりやってください。
식까리 얏떼 쿠다사이

* しっかり 심신이 건전한 모양. 의식이 확실한 모양. 정신 차려서. 똑똑히

♦ 파이팅하세요.

ファイトを出して。
화이또오 다시떼

♦ 다시 한 번 버티세요.

もうひとふん張りですよ。
모- 히또 훔바리데스요.

* ふんばる 견디다. 버티다

♦ 앞으로 3일이면 시험이에요, 분발해요.

あと三日で試験ですよ、しっかり頑張ってね。
아또 믹까데 시껜데스요　　　　　　식까리 감밧떼네

* 頑張る 분발하다. 힘내다

♦ 이 정도의 것은 아무것도 아니에요.

これぐらいのこと、何ともないですよ。
고레구라이노 고또　　　　　　난또모 나이데스요

♦ 괜찮아요, 다시 한 번 하면 돼요.

大丈夫、もう一度やりなおせばいいですよ。
다이죠-부　　　모- 이찌도 야리나오세바 이-데스요

* やりなおす 다시 하다. 동사의 ます형에 なおす를 접속하면 「다시 ~하다」의 뜻을
  나타내는 복합동사가 된다.

55 상대가 내 일을 대신 해주었을 때

> ごくろうさま。
> 수고하셨어요.

A   あなたから頼まれた品物を買ってきました。
아나따까라 다노마레따 시나모노오 갓떼 기마시다

B   どうもありがとうございました。
도－모 아리가또－ 고자이마시다

A   じゃ、これで。
쟈－   고레데

B   お手数をおかけしました。
오떼스－오 오까께시마시다

A : 당신에게 부탁받은 물건을 사왔습니다.

B : 고맙습니다.

A : 그럼, 이만 가보겠습니다.

B : 번거롭게 해드려 죄송합니다.

♦ 번거롭게 해드려 죄송합니다.

お手数をおかけしました。
오떼스-오 오카께시마시다

* お手数をかける 수고를 끼치다. 번거롭게 하다

♦ 수고(고생)하셨습니다.

ご苦労さまでした。
고꾸로-사마데시다

* 남의 노고에 감사의 인사말로 윗사람이 아랫사람에 대해 쓰는 말이다.

♦ 수고하셨습니다.

お疲れさまでした。
오쯔까레 사마데시다

* 윗사람의 노고에 대한 인사말이다.

♦ 수고하셨습니다. (고마웠습니다.)

ありがとうございました。
아리가또 고자이마시다

* 윗사람이 어떤 행위를 마쳤을 때 하는 인사이다.

♦ 무척 도움이 되었습니다.

たいへん助かりました。
다이헨 다스까리마시다

♦ 너무 번거롭게 해드렸습니다. 죄송했습니다.

大変お手数をかけました、すみませんでした。
다이헨 오떼-스오 가께마시다   스미마센데시다

56 칭찬을 받았을 때

いいえ、
そんなことはありません。
아니에요, 과찬이세요.

A あなたの日本語はすばらしいですね。
아나따노 니홍고와 스바라시-데스네

B そんなことはありません。まだまだです。
손나 고또와 아리마셍   마다마다데스

A ほんとうですよ。日本人とほとんど変わりません。
혼또-데스요   니혼진또 호똔도 가와리마셍

B それはほめすぎです。
소레와 호메스기데스

A : 당신은 일본어를 잘하시는군요.

B : 대단한 것은 아닙니다. 아직 멀었습니다.

A : 정말이에요. 일본인과 거의 차이가 없습니다.

B : 과찬이십니다.

♦ 그렇게 칭찬해 주시다니 송구스럽습니다.

そんなにほめていただくなんて恐縮です。
손나니 호메떼 이따다꾸난떼 쿄-슈꾸데스

*~ていただくなんて ~해 주시다니

♦ 정말이세요, 고마워요.

ほんとうですか、それはどうも。
혼또-데스까   소레와 도-모

♦ 칭찬해 주셔서 기쁩니다.

ほめていただいてうれしいです。
호메떼 이따다이떼 우레시-데스

*~てうれしい ~해서 기쁘다

♦ 칭찬해 주시니 대단히 영광입니다.

おほめいただき、たいへん光栄です。
오호메이따다끼   다이헨 코-에-데스

♦ 그렇게 칭찬해 주시니 쑥스럽습니다.

そんなにほめられると、決まり悪いです。
손나니 호메라레루또   기마리와루이데스

*決まり悪い 쑥스럽다. 겸연쩍다

♦ 아니오, 칭찬받을 정도는 아닙니다.

いいえ、ほめられるほどではありません。
이-에   호메라레루호도데와 아리마셍

*~ほどではない ~할 정도는 아니다

> それをおねがいします。
> 그것 좀 제게 주세요.

A この料理は味が薄いですね。
고노 료-리와 아지가 우스이데스네

B しょうゆを少しかけたら。
쇼-유오 스꼬시 가께따라

A じゃ、すみませんが、取ってください。
쟈　　　스미마셍가　　　　돗떼 쿠다사이

B はい、どうぞ。
하이　　　도-조

A : 이 요리는 맛이 싱겁군요.

B : 간장을 좀 쳐보세요.

A : 그럼, 미안하지만, 좀 주실래요?

B : 네, 여기 있습니다.

♦ 미안합니다. 후춧가루를 제게 주세요.

すみません、こしょうを取ってください。
스미마셍 　　　　　 코쇼-오 돗떼 쿠다사이

♦ 미안합니다. 그것 좀 제게 주세요.

すみません、それを取ってください。
스미마셍 　　　　　 소레오 돗떼 쿠다사이

* 일본에서는 상대를 부를 때 흔히 すみません이라고 한다.

♦ 간장을 좀 주세요.

しょうゆを取ってください。
쇼-유오 돗떼 쿠다사이

♦ 미안합니다, 술을 좀 따라 주시겠습니까?

すみません、酒を回してもらえませんか。
스미마셍 　　　　　 사께오 마와시떼 모라에마셍까

♦ 이쑤시개 좀 주시겠습니까?

ようじを取ってもらえませんか。
요-지오 돗떼 모라에마셍까

♦ 그 요리가 손이 안 닿아서 그러는데 좀 주시겠어요.

その料理、手が届かないので、回してください。
소노 료-리 　　　 데가 도도까나이노데 　　　 마와시떼 쿠다사이

かしてください。
빌려 주세요.

A
に ほん ご　かい わ　ほん　いっさつ か
日本語の会話の本を一冊貸してくれませんか。
니홍고노 카이와노 홍오 잇사쯔 가시떼 구레마셍까

B
いいですよ。どうするんですか。
이-데스요　　　　도-스룬데스까

A
に ほん　かんこう　い
日本へ観光に行くんです。
니홍에 캉코-니 이꾼데스

B
かい わ　ほん　か
じゃ、この会話の本を貸してあげましょう。
쟈　　　고노 카이와노 홍오 가시떼 아게마쇼-

A : 일본어 회화 책을 한 권 빌려 주실래요?

B : 좋아요. 왜 그러시는데요?

A : 일본으로 여행을 갑니다.

B : 그럼, 이 회화 책을 빌려 드리지요.

♦ 필기도구 좀 빌려 주세요.

何か書くものを貸してください。

나니까 가꾸 모노오 가시떼 쿠다사이

* 貸す 빌려 주다. 사용하게 하다

♦ 볼펜을 빌려도 될까요?

ボールペンをお借りしてもいいですか。

보-루뻰오 오까리시떼모 이-데스까

* 借りる 돌려줄 약속으로 빌리다

♦ 천 엔 빌려 주시겠어요, 나중에 갚을 테니까요.

千円貸してもらえませんか、あとで返しますから。

셍엥 가시떼 모라에마셍까   아또데 가에시마스까라

♦ 이 전화를 써도 될까요?

この電話を使ってもいいですか。

고노 뎅와오 쓰깟떼모 이-데스까

* ~てもいいですか ~해도 좋습니까(됩니까)?의 뜻으로 허락을 구할 때 쓴다.

♦ 화장실을 좀 쓸 수 있습니까?

お手洗いを拝借できますか。

오떼아라이오 하이샤꾸 데끼마스까

* 拝借する 「빌리다」의 겸양어. 삼가 차용하다

♦ 회의실을 쓰고 싶은데 괜찮겠습니까?

会議室をお借りしたいのですが、ご都合はいかがですか。

카이기시쯔오 오까리시따이노데스가 고쯔고-와 이까가데스까

* 都合がいい 사정, 형편이 좋다

227

いっしょにいっても
いいですか。
함께 가도 될까요?

A　どちらへ。
도찌라에

B　映画を見に行くんです。
에-가오 미니 이꾼데스

A　ご一緒させてもらえますか。
고잇쇼사세떼 모라에마스까

B　もちろんいいですとも。いっしょに行きましょう。
모찌론 이-데스또모　　　　잇쇼니 이끼마쇼-

A : 어디에 가십니까?

B : 영화를 보러 갑니다.

A : 함께 보러 가도 될까요?

B : 물론이고말고요. 함께 갑시다.

228

♦ 함께 해도 될까요?

お供してもいいですか。

오또모시떼모 이-데스까

* お供する 함께 하다. 동반하다

♦ 함께 가도 될까요?

ご一緒してもいいですか。

고잇쇼시떼모 이-데스까

* ご一緒する 함께 하다. 같이 하다

♦ 따라가도 될까요?

ついて行ってもいいですか。

쓰이떼 잇떼모 이-데스까

♦ 함께 따라가 줄래요?

いっしょに連れて行ってくれませんか。

잇쇼니 쓰레떼 잇떼 구레마셍까

♦ 괜찮으시다면 함께 가고 싶은데요.

ご都合がよければ、ご一緒したいんですが。

고쓰고-가 요께레바   고잇쇼시따인데스가

♦ 지장이 없다면 함께 가고 싶습니다.

お差し支えなければ、いっしょに行きたいです。

오사시쓰까에나께레바   잇쇼니 이끼따이데스

* 差し支える 지장이 있다

60 기다리라고 말할 때

ちょっとまってください。
잠깐 기다리세요.

A　お兄さんはいらっしゃいますか。
にい
　　오니－상와 이랏샤이마스까

B　買い物に行きました。
か　もの　い
　　가이모노니 이끼마시다

A　いつ頃帰ってきますか。
ごろかえ
　　이쯔고로 가엣떼 기마스까

B　すぐ戻ります。ここにおかけになってください。
もど
　　스구 모도리마스　　고꼬니 오카께니 낫떼 쿠다사이

A : 형님은 계십니까?

B : 쇼핑하러 갔습니다.

A : 언제쯤 돌아옵니까?

B : 곧 돌아옵니다. 여기 앉아 주십시오.

230

◆ 거기에 앉아서 기다리세요.

あそこに座って待ってください。

아소꼬니 스왓떼 맛떼 쿠다사이

◆ 잠깐 기다려 주세요.

ちょっと待っていてください。

춋또 맛떼 이떼 쿠다사이

◆ 잠시 기다려 주십시오.

しばらくお待ちください。

시바라꾸 오마찌 쿠다사이

* しばらく 잠시 동안. 잠깐. しばらくです 오랜만입니다

◆ 잠깐 기다리세요. 용무를 마치고 곧장 올게요.

ちょっと待ってください。用事をすませてすぐ
来ます。

춋또 맛떼 쿠다사이   요-지오 스마세떼 스구 기마스

◆ 전화를 걸고 올게요. 기다려 주세요.

電話をかけて来ます、待っていてください。

뎅와오 가께떼 기마스   맛떼 이떼 쿠다사이

* 電話をかける 전화를 걸다 ↔ 電話をきる 전화를 끊다

◆ 5시에 거기서 기다리세요.

5時にそこで待っていてください。

고지니 소꼬데 맛떼 이떼 쿠다사이

231

61 상의할 일이 있을 때

> おはなししたいことが
> あるのですが。
> 말씀 드릴 게 있는데요.

A　今お時間がありますか。
　　이마 오지깡가 아리마스까

B　あります。何でしょうか。
　　아리마스　　　난데쇼ー까

A　少しご相談したいことがあるのです。
　　스꼬시 고소ー단시따이 고또가 아루노데스

B　じゃ、お話しください。
　　쟈ー　　오하나시 쿠다사이

A : 지금 시간이 있으세요.

B : 있습니다. 무슨 일이죠?

A : 잠깐 의논드리고 싶은 게 있습니다.

B : 그럼 말씀하십시오.

♦ 잠깐 만나서 말씀드릴 게 있는데요.

ちょっと会（あ）ってお話（はな）ししたいことがあるのですが。
촛또 앗떼 오하나시시따이 고또가 아루노데스가

♦ 부탁드릴 게 있는데요.

お願（ねが）いしたいことがあるんですが。
오네가이시따이 고또가 아룬데스가

* ~んですがは ~のですが의 음편형으로 회화체에서 주로 쓰인다.

♦ 가르쳐 주었으면 하는 게 있는데요.

お教（おし）え願（ねが）いたいことがあるのですが。
오오시에네가이따이 고또가 아루노데스가

♦ 당신과 의견을 교환하고 싶은데요.

あなたと意見（いけん）の交換（こうかん）をしたいのですが。
아나따또 이껜노 코－깡오 시따이노데스가

♦ 좀 지혜를 빌리고 싶은데요.

少（すこ）しお知恵（ちえ）を拝借（はいしゃく）したいのですが。
스꼬시 오치에오 하이샤꾸시따이노데스가

♦ 잠깐 고견을 여쭙고 싶은데요.

ちょっとご意見（いけん）をおうかがいしたいんですが。
촛또 고이껭오 오우까가이시따인데스가

* うかがう 여쭙다. 聞（き）く의 겸양어

233

おねがいがあるんですが。
부탁이 있는데요.

A お願いしたいことがあるのですが。
오네가이시따이 고또가 아루노데스가

B 何でしょうか。
난데쇼-까

A ちょっと言いにくいんです。
춋또 이-니꾸인데스

B かまいませんよ。何なりと言ってください。
가마이마셍요   난나리또 잇떼 쿠다사이

A : 부탁드리고 싶은 게 있는데요.

B : 무슨 부탁이죠?

A : 좀 말씀드리기 곤란한데요.

B : 괜찮아요. 무엇이든 말하세요.

◆ 부탁드리고 싶은 게 있는데요.

お頼みしたいことがあるのですが。
오따노미시따이 고또가 아루노데스가

◆ 협력 좀 부탁드리고 싶은 게 있는데요.

少しお力添え願いたいことがあるのですが。
스꼬시 오치까라조에네가이따이 고또가 아루노데스가

*力添え 도와 줌. 가세. 조력. 원조

◆ 잠깐 거들어 주셨으면 하는 일이 있는데요.

ちょっと、お手伝いしてもらいたいことがあり ますが。
춋또　오테쓰다이시떼 모라이따이 고또가 아리마스가

*手伝う 거들다. 돕다

◆ 수고 좀 부탁드리고 싶은데요.

少しご面倒をおかけしたいことがあるのですが。
스꼬시 고멘도-오 오카께시따이 고또가 아루노데스가

◆ 잠깐 의논드리고 싶은 게 있는데요.

ちょっと、ご相談したいことがあるのですが。
춋또　　　　　　고소-단시따이 고또가 아루노데스가

*相談する 상담하다. 의논하다

◆ 잠깐 회사 일을 거들어 주셨으면 하는데요.

ちょっと、会社の仕事で手伝ってもらいたいの ですが。
춋또　카이샤노 시고또데 데쓰닷떼 모라이따이노데스가

235

63 부탁을 해야 할 때

よろしくおねがいします。
잘 부탁드립니다.

A **空室はありません。**
쿠-시쯔와 아리마셍

B **じゃ、どうしたらいいでしょう。**
쟈　　도-시따라 이-데쇼-

A **ほんとうにないんですよ。**
혼또-니 나인데스요

B **なんとかしてもらえませんでしょうか。**
난또까시떼 모라에마셍데쇼-까

A : 빈방이 없습니다.

B : 그럼, 어떡하면 좋죠?

A : 정말로 없어요.

B : 어떻게 해 주실 수 없을까요?

236

◆ 아무튼 잘 부탁드립니다.

とにかくよろしくお願いいたします。
토니까꾸 요로시꾸 오네가이이따시마스

* とにかく 아무튼

◆ 협력을 부탁드립니다.

ご協力願います。
고교ー료꾸네가이마스

◆ 이 건에 대해 좀더 검토해 주시겠습니까?

この件についてもう少し検討してもらえませんか。
고노 껜니 쓰이떼 모ー 스꼬시 겐또ー시떼 모라에마셍까

* ~てもらえる ~해 받을 수 있다. ~해 줄 수 있다

◆ 달리 무슨 방법은 없을까요?

何かほかに方法はないでしょうか。
나니까 호까니 호ー호ー와 나이데쇼ー까

◆ 어떻게든 해 주시겠습니까?

何とかしていただけませんか。
난또까시떼 이따다께마셍까

* ~ていただけませんかは 직접적인 ~てください의 겸양표현으로 상대에게 의뢰나
요구를 할 때 많이 쓰이는 표현이다.

◆ 어떻게든 해결해 주세요.

何とか解決してください。
난또까 카이께쓰시떼 쿠다사이

* なんとか 어떻게 좀. 어떻게든

ごいけんは?
당신의 의견은?

A 私_{わたし}たちに意見_{いけん}をお聞_きかせください。

와따시타찌니 이껭오 오키까세 쿠다사이

B 別_{べつ}に何_{なに}もありません。

베쯔니 나니모 아리마셍

A どうぞご遠慮_{えんりょ}なく、どんなことでもけっこうです。

도－조 고엔료나꾸   돈나 고또데모 겍꼬－데스

B そうですか。ではひとつ提案_{ていあん}があります。

소－데스까   데와 히또쯔 테－앙가 아리마스

A : 저희들에게 의견을 들려주십시오.

B : 별로 없습니다.

A : 사양 마시고, 무엇이든 괜찮습니다.

B : 그래요. 그럼 제안이 하나 있습니다.

♦ 의견을 듣고 싶은데요.

ご意見をお聞きしたいんですが。

고이껭오 오키끼시따인데스가

* 聞く 듣다. 묻다. お聞きしたい는 聞きたい의 겸양표현이다.

♦ 당신의 생각은 어때요?

あなたの考えはどうでしょうか。

아나따노 캉가에와 도-데쇼-까

♦ 이제 괜찮겠습니까?

これでよろしいでしょうか。

고레데 요로시-데쇼-까

♦ 이 문제를 어떻게 생각하십니까?

この問題をどうお考えですか。

고노 몬다이오 도- 오캉가에데스까

♦ 무엇이든 말씀하십시오.

何なりとおっしゃってください。

난나리또 옷샷떼 쿠다사이

* 何なりと 무엇이든지

♦ 이 일에 대해서 어떻게 생각하십니까?

このことについてどう思われますか。

고노 고또니 쓰이떼 도- 오모와레마스까

* 수동형의 ~(ら)れる는 존경의 뜻으로 쓰이는 경우도 있다.

まかせてください。
맡겨주세요.

A　ちょっとお<ruby>頼<rt>たの</rt></ruby>みしたいことがあるのですが。
촛또 오따노미시따이 고또가 아루노데스가

B　<ruby>何<rt>なん</rt></ruby>ですか。 おっしゃってください。
난데스까　　　　옷샷떼 쿠다사이

A　これを<ruby>田宮<rt>た みや</rt></ruby>さんに<ruby>渡<rt>わた</rt></ruby>してもらいたいんです。
고레오 타미야산니 와따시떼 모라이따인데스

B　いいですよ。 <ruby>必<rt>かなら</rt></ruby>ず<ruby>お渡<rt>わた</rt></ruby>しします。
이-데스요　　　　카나라즈 오와따시시마스

A : 잠깐 부탁드리고 싶은 게 있는데요.

B : 무엇입니까? 말씀하십시오.

A : 이걸 다미야 씨에게 건네 주었으면 합니다.

B : 좋아요. 꼭 건네 드리겠습니다.

◆ 좋아요. 제가 할게요.

いいですよ、私がやりましょう。
이-데스요　　　　와따시가 야리마쇼-

◆ 좋아요, 저에게 맡겨 주세요.

いいですよ、私に任せてください。
이-데스요　　　　와따시니 마까세떼 쿠다사이

◆ 물론 좋습니다.

もちろんよろしいです。
모찌론 요로시-데스

◆ 부디 안심하십시오.

どうぞご安心ください。
도-조 고안싱 쿠다사이

◆ 문제없습니다. 꼭 해드리겠습니다.

問題ありません。必ずやってあげます。
몬다이 아리마셍　　　　카나라즈 얏떼 아게마스

◆ 할 수 있을지 어떨지 모르겠습니다만, 해볼게요.

できるかどうかわかりませんが、やってみましょう。
데끼루까 도-까 와까리마셍가　　　　　　얏떼 미마쇼-

* ~かどうか ~일(할)지 어떨지(아닌지)

できません。
할 수 없습니다.

A 力を貸してくださいよ。
치까라오 가시떼 구다사이요

B ごめんなさい。私には無理なんです。
고멘나사이　　　　와따시니와 무리난데스

A 昔のよしみで、そこを何とか。
무까시노 요시미데　　소꼬오 난또까

B 力不足でほんとうにどうしようもないのです。
치까라부소꾸데 혼또ー니 도ー시요ー모 나이노데스

A : 도움 좀 주십시오.

B : 미안합니다. 저한테는 무리입니다.

A : 옛정을 봐서 좀 어떻게 안 될까요?

B : 역부족으로 어떻게 할 방법이 없습니다.

◆ 미안합니다. 지금 바빠서 갈 시간이 없습니다.

すみません。今忙しくて行く時間がありません。
스미마셍   이마 이소가시꾸떼 이꾸 지깡가 아리마셍

◆ 도움을 되어 드릴 수 없습니다.

お力にはなれません。
오치까라니와 나레마셍

* 力になる 힘이 되다. 도움이 되다

◆ 미안합니다. 요청을 따를 수 없습니다.

すみません。ご希望に沿うことができません。
스미마셍   고키보-니 소우 고또가 데끼마셍

* ~に沿う ~에 따르다

◆ 그 관계자와는 전혀 연고가 없습니다.

その関係者には全然縁故がないんです。
소노 칸께-샤니와 젠젱 엥꼬가 나인데스

◆ 자신이 없어서 응하기 힘들겠습니다.

自信がありませんので応じかねます。
지싱가 아리마셍노데 오-지카네마스

* かねる는 동사의 ます 형에 접속하여 「~하기 힘들다)어렵다)」의 뜻을 나타낸다.

◆ 그런 일은 저는 할 수 없습니다.

そんなこと、私にはできません。
손나 고또   와따시니와 데끼마셍

67 반대 의견을 제시할 때

> ひつようないでしょう。
> 필요 없을 것 같은데요.

A　じゃ、このようにしましょう。
　　쟈　　　고노요-니 시마쇼-

B　もう少しみんなの意見を聞いてはどうでしょう。
　　모- 스꼬시 민나노 이껭오 기이떼와 도-데쇼-

A　その必要はないんじゃないですか。
　　소노 히쯔요-와 나인쟈 나이데스까

B　慎重にやっても別に悪くはないでしょう。
　　신쬬-니 얏떼모 베쯔니 와루꾸와 나이데쇼-

A : 그럼, 이렇게 합시다.

B : 좀 더 다른 사람의 의견을 들으면 어떨까요?

A : 그럴 필요는 없잖겠어요?

B : 신중히 해서 나쁠 건 없잖아요.

◆ 그건 좀 번거롭지 않겠습니까?

それはちょっと面倒じゃないですか。
소레와 춋또 멘도-쟈 나이데스까

◆ 그럴 필요는 없잖습니까?

その必要はないんじゃないですか。
소노 히쯔요-와 나인쟈 나이데스까

* ~ないんじゃないですか ~아니지 않습니까?

◆ 서두를 필요는 없잖습니까?

急ぐ必要はないんじゃないですか。
이소구 히쯔요-와 나인쟈 나이데스까

◆ 아직 검토할 필요가 있습니까, 이걸로 충분하지 않나요?

まだ検討する必要がありますか。これでいいのではないですか。
마다 겐또-스루 히쯔요-가 아리마스까　고레데 이-노데와 나이데스까

◆ 그렇게 하지 않으면 안 된다고 생각하세요?

そうしなければならないと思いますか。
소- 시나께레바 나라나이또 오모이마스까

* ~なければならない ~하지 않으면 안 된다. ~해야 한다

◆ 그건 번거롭지 않겠습니까, 이렇게 하면 되지 않을까요?

それは面倒ではないですか。こうすればいいではないですか。
소레와 멘도-데와 나이데스까　고- 스레바 이-데와 나이데스까

* ~ばいい ~하면 된다

245

68 정확한 의사를 표명할 수 없을 때

> さあね。
> 글쎄요.

A 早_{はや}く決_きめましょう。

하야꾸 기메마쇼—

B まだ急_{いそ}ぐこともないでしょう。

마다 이소구 고또모 나이데쇼—

A でも、あまり時間_{じかん}がないですよ。

데모　아마리 지깡가 나이데스요

B まあ、もう少_{すこ}し考_{かんが}えてみましょう。

마—　모— 스꼬시 강가에떼 미마쇼—

A : 빨리 결정합시다.

B : 아직 서두를 필요는 없어요.

A : 하지만, 별로 시간이 없어요.

B : 글쎄, 좀 더 생각해봅시다.

♦ 그건 뭐라고 말할 수 없습니다.

それは何とも言えません。

소레와 난또모 이에마셍

♦ 이건 어려운 문제이군요.

これは難しい問題ですね。

고레와 무즈까시- 몬다이데스네

♦ 좀 더 생각해봅시다.

もう少し考えてみましょう。

모- 스꼬시 강가에떼 미마쇼-

* ~てみる ~해보다, ~시도하다

♦ 가능하면 좀 더 상황을 살피는 게 어떨까요?

できればもう少し様子をみてはどうでしょう。

데끼레바 모- 스꼬시 요-스오 미떼와 도-데쇼-

* ~てはどうですか ~하면 어떨까요?

♦ 아마 그럴 필요는 없을 거예요.

おそらくそんなことはないでしょう。

오소라꾸 손나 고또와 나이데쇼-

* ~ことはない ~할 필요는 없다

♦ 이건 난감하군요.

これは困りましたね。

고레와 고마리마시따네

69 동의를 나타낼 때

いいです。
좋아요.

A 大西さんが行く前に送別会をしてはどうでしょう。
おおにし　　　　い　まえ　　そうべつかい
오-니시상가 이꾸 마에니 소-베쯔까이오 시떼와 도-데쇼-

B 大賛成です。
だいさんせい
다이산세-데스

A 日曜日の午後はどうですか。
にちようび　ごご
니찌요-비노 고고와 도-데스까

B いいですね。
이-데스네

A : 오니시 씨가 가기 전에 송별회를 하면 어떨까요?

B : 대찬성입니다.

A : 일요일 오후는 어때요?

B : 좋아요.

♦ 당신의 의견에 찬성입니다.

あなたの意見に賛成です。
아나따노 이껜니 산세-데스

♦ 좋고말고요.

いいですとも。
이-데스또모

* とも는 활용어의 종지형에 접속하여 「~고말고」의 뜻으로 의문·반대의 여지가 없음을
  나타낸다.

♦ 별다른 의견은 없습니다.

別に意見はないです。
베쯔니 이껭와 나이데스

♦ 맞습니다. 저도 그렇게 생각합니다.

そのとおりです。私もそう思います。
소노 토오-리데스   와따시모 소- 오모이마스

* そのとおりです는 상대의 말에 맞장구 칠 때 많이 쓰이는 표현이다.

♦ 그렇습니다. 모두 찬성입니다.

そうです、みんな賛成です。
소-데스   민나 산세-데스

* 賛成 찬성 ↔ 反対(はんたい) 반대

♦ 그렇고말고요, 우리들 의견은 일치합니다.

そうですとも、我々の意見は一致です。
소-데스또모   와레와레노 이껭와 잇찌데스

70. 전화를 걸 때

> もしもし。
> 여보세요.

A もしもし、松下電気ですか。
まつしたでん き
모시모시　　마쯔시따 뎅끼데스까

B そうです。どんなご用件ですか。
ようけん
소-데스까　　돈나 고요-껜데스까

A 山田さんをお願いしたいのですが。
やま だ ねが
야마다상오 오네가이시따이노데스가

B 私がそうです。
わたし
와따시가 소-데스

A : 여보세요. 마츠시타 전기입니까?

B : 그렇습니다. 무슨 일이시죠?

A : 야마다 씨를 부탁드리겠습니다.

B : 제가 야마다입니다만.

250

◆ 여보세요. 미우라 씨이세요?

もしもし、三浦さんですか。

모시모시　미우라산데스까

◆ 기무라 씨와 이야기를 하고 싶은데요….

木村さんとお話がしたいのですが…。

기무라산또 오하나시가 시따이노데스가

◆ 김씨를 부탁드려도 될까요?

キムさんをお願いできますか。

김상오 오네가이 데끼마스까

◆ 사토 씨는 계십니까?

佐藤さんはおいでになりますか。

사또―상와 오이데니 나리마스까

* おいでになる는 いく(가다), くる(오다), いる(있다)의 높임말이다.

◆ 이렇게 일찍 전화해서 미안합니다.

こんなに早く電話して、ごめんなさい。

곤나니 하야꾸 뎅와시떼　　　고멘나사이

◆ 서울에서 김입니다. 야마다 씨를 부탁합니다.

ソウルからのキムです。山田さんをお願いします。

서우루까라노 기무데스　　　야마다상오 오네가이시마스

71 전화를 받을 때

どなたさまですか。
누구십니까?

A　もしもし、木村さんはいらっしゃいますか。
　　모시모시　　기무라상와 이랏샤이마스까

B　いません。用事で出かけております。
　　이마셍　　　요-지데 데까께떼 오리마스

A　彼と連絡が取れますか。
　　카레또 렌라꾸가 도레마스까.

B　取れます。ケータイ番号は知っていますか。
　　도레마스　　　케-따이방고-와 싯떼 이마스까

　　A : 여보세요, 기무라 씨 계십니까?

　　B : 없습니다. 볼일이 있어 나갔습니다.

　　A : 그와 연락을 할 수 있습니까?

　　B : 할 수 있습니다. 휴대폰 번호는 알고 있습니까?

◆ 잠시 기다려 주십시오.

ちょっと お待ちください。
춋또 오마찌 쿠다사이

◆ 지금 없습니다. 누구십니까?

今おりません。どちらさまでしょうか。
이마 오리마셍　　　　도찌라사마데쇼-까

＊おる는 いる의 겸양어이다.

◆ 그런 사람은 여기에는 없습니다.

そのような人は、こちらにはおりません。
소노요-나 히또와　　　고찌라니와 오리마셍

◆ 다시 한 번 성함을 말씀해 주시겠습니까?

もう一度、お名前を言っていただけますか。
모— 이찌도　　　오나마에오 잇떼 이따다께마스까

◆ 무슨 전하실 말씀이 있으십니까?

何かお伝えすることがありますか。
나니까 오쓰따에스루 고또가 아리마스까

＊お伝えする는 伝える의 겸양표현이다.

◆ 돌아오면 전화 드리도록 하겠습니다.

帰ったら電話をさせます。
가엣따라 뎅와오 사세마스

MEMO